D1726012

Maurizio Singh

Mail vom Vorstand: Der Einsatz von Rund-E-mails in der internen Kommunikation zwischen Geschäftsleitung und Mitarbeitern

Diplomica® Verlag GmbH

Singh, Maurizio: Mail vom Vorstand: Der Einsatz von Rund-E-mails in der internen Kommunikation zwischen Geschäftsleitung und Mitarbeitern, Hamburg, Diplomica Verlag GmbH 2010

ISBN: 978-3-8366-9190-1
Druck: Diplomica® Verlag GmbH, Hamburg, 2010

Bibliografische Information der Deutschen Nationalbibliothek:
Die Deutsche Nationalbibliothek verzeichnet diese Publikation in der Deutschen Nationalbibliografie; detaillierte bibliografische Daten sind im Internet über http://dnb.d-nb.de abrufbar.

Die digitale Ausgabe (eBook-Ausgabe) dieses Titels trägt die ISBN 978-3-8366-4190-6 und kann über den Handel oder den Verlag bezogen werden.

Dieses Werk ist urheberrechtlich geschützt. Die dadurch begründeten Rechte, insbesondere die der Übersetzung, des Nachdrucks, des Vortrags, der Entnahme von Abbildungen und Tabellen, der Funksendung, der Mikroverfilmung oder der Vervielfältigung auf anderen Wegen und der Speicherung in Datenverarbeitungsanlagen, bleiben, auch bei nur auszugsweiser Verwertung, vorbehalten. Eine Vervielfältigung dieses Werkes oder von Teilen dieses Werkes ist auch im Einzelfall nur in den Grenzen der gesetzlichen Bestimmungen des Urheberrechtsgesetzes der Bundesrepublik Deutschland in der jeweils geltenden Fassung zulässig. Sie ist grundsätzlich vergütungspflichtig. Zuwiderhandlungen unterliegen den Strafbestimmungen des Urheberrechtes.

Die Wiedergabe von Gebrauchsnamen, Handelsnamen, Warenbezeichnungen usw. in diesem Werk berechtigt auch ohne besondere Kennzeichnung nicht zu der Annahme, dass solche Namen im Sinne der Warenzeichen- und Markenschutz-Gesetzgebung als frei zu betrachten wären und daher von jedermann benutzt werden dürften.

Die Informationen in diesem Werk wurden mit Sorgfalt erarbeitet. Dennoch können Fehler nicht vollständig ausgeschlossen werden, und der Diplomica Verlag, die Autoren oder Übersetzer übernehmen keine juristische Verantwortung oder irgendeine Haftung für evtl. verbliebene fehlerhafte Angaben und deren Folgen.

© Diplomica Verlag GmbH
http://www.diplomica-verlag.de, Hamburg 2010
Printed in Germany

Meinen Eltern, die mir die Neugierde, Sensibilität und Leidenschaft für das Lernen mit auf den Weg gaben,
und für Dr. Gunter Reiff, der mir die Sehnsucht nach dem Unerreichten und die Verantwortung für das Erreichte vorlebte.

Inhaltsverzeichnis

Abbildungsverzeichnis

A. Einleitung

In einer globalisierten Wirtschaftswelt sind Unternehmen zunehmend einem Veränderungsdruck ausgesetzt. Das Erscheinen von neuen Wettbewerbern in heimischen Märkten und die Ausweitung der eigenen Unternehmenstätigkeit in neue Marktregionen verlangen von den Unternehmen dauernde Veränderungen und Anpassungen der internen Prozesse und des Marktverhaltens. Derartige Veränderungen können nur geschehen, wenn das Unternehmen lernfähig ist und sich daher auf neue Rahmenbedingungen optimal anpassen kann. Denn nur lernende Unternehmen haben die Fähigkeit, erforderliche Änderungen schneller und erfolgreicher als die Wettbewerber einzuführen[1].

Wie lernt jedoch ein Unternehmen? Mit dieser Frage haben sich innerhalb der letzten 40 Jahren Wissenschaftler aus den unterschiedlichsten Fachrichtungen beschäftigt. Es entstand die interdisziplinäre Forschungsrichtung „Organizational Learning". Viele Theorien und Modelle wurden inzwischen entwickelt, um zu erklären, wie eine Organisation[2] lernt. Dabei wurden zahlreiche kaum zu integrierende Definitionen, Konzepte und Terminologien entwickelt. Eine „allgemeine Theorie" des Organisationalen Lernens gibt es bis heute nicht.

Viele wissenschaftliche Arbeiten über das Organisationale Lernen zeichnen sich durch einen hohen Abstraktionsgrad aus. Empirische Überprüfungen der Theorien erfolgen nur in seltenen Fällen und zumeist an Hand von Fallbeschreibungen aus einzelnen Unternehmen. Inwiefern die beschriebenen Fälle verallgemeinerungsfähig sind, wird häufig nicht diskutiert[3].

Ein gewisser Schwachpunkt von vielen Theorien des Organisationalen Lernens ist es daher, dass zwar Lernprozesse der Organisation beschrieben werden, aber nur wenige

---

[1] So eine der „12 Thesen zu aktuellen Herausforderungen an das Organisationsmanagement" des Arbeitskreises Organisation der Schmalenbachgesellschaft in *Frese, (2000)*.

[2] Es gibt viele unterschiedliche Arten von Organisationen, die Lernprozesse durchlaufen können und. So können auch gemeinnützige Vereine oder staatliche Behörden Orte des Organisationalen Lernens sein. In der vorliegenden Studie wird der Schwerpunkt auf Unternehmen, die am Markt mit Gewinnerzielungsabsicht agieren, gelegt. Die Begriffe „Unternehmen" und „Organisation" werden daher teilweise synonym verwendet ohne auf Differenzierungen in unterschiedlichen Definitionen näher einzugehen.

[3] So beschreibt beispielsweise *Nonaka (1994)* den Entwicklungsprozess einer Brotteigmaschine bei Matushita Electric, der sich dadurch auszeichnete, dass ein Mitarbeiter „über ein Jahr lang wie ein Bäckerlehrling" in der besten Bäckerei der Stadt hospitiert habe.

Aussagen gemacht werden, wie diese Lernprozesse konkret ausgelöst und gestaltet werden können[4]. Dieses Problem stellt sich insbesondere bei Theorien, die anthropomorphisierend von „der Organisation" als Lernender sprechen und so die notwendigen Lernprozesse auf Ebene der einzelnen Organisationsmitglieder, die Voraussetzung für eine lernende Organisation sind, ausblenden.

Die vorliegende Arbeit soll sich sowohl mit den Theorien des Organisationalen Lernens beschäftigen als auch mit Aspekten der praktischen Umsetzung innerhalb eines Unternehmens. Eine Grundannahme ist dabei, dass Lernen nur durch Kommunikation geschehen kann.

Im ersten Teil der Studie werden die wesentlichen Theorien des Organisationalen Lernens vorgestellt und bewertet. Es soll untersucht werden, ob die jeweiligen Theorien Aussagen enthalten, wie Organisationales Lernen innerhalb eines Unternehmens umgesetzt werden kann. Dabei soll insbesondere analysiert werden, ob sich aus den Theorien Aspekte bezüglich eines anzustrebenden Kommunikationsverhaltens innerhalb eines Unternehmens ableiten lassen. Diese Annahmen können dann durch empirische Verfahren auf ihre Richtigkeit überprüft werden.

Im zweiten Teil des Buches werden unterschiedliche Formen der internen Unternehmenskommunikation vorgestellt. Ein besonderes Augemerk gilt dabei dem Medium E-Mail, das zu den bisher verwendeten Medien wesentliche Unterschiede aufweist. Denn die relativ neue Technik ermöglicht es, Nachrichten ohne größeren Aufwand an viele oder alle Mitarbeiter eines Unternehmens zu versenden. Da Mitarbeiter regelmäßig oder auch dauernd ihren E-Mail-Account abrufen, ist gewährleistet, dass die E-Mails zeitnah von den Empfängern wahrgenommen werden. Aufgrund des institutionellen Charakters der Rund-E-Mails ist davon auszugehen, dass sie von den Mitarbeitern mit erhöhter Aufmerksamkeit wahrgenommen werden[5]. Diese Eigenschaften von E-Mails werden häufig von Unternehmensleitungen genutzt, um aus den unterschiedlichsten Anlässen Rund-E-Mails an die Mitarbeiter zu verschicken.

---

[4] So auch *Schäfer (1997):* „Die Rolle von Technologien wird nahezu in allen konzeptionellen Ansätzen zu kurz diskutiert und hinsichtlich ihrer Unterstützungsfunktion für lernende Unternehmungen nicht ausreichend dargestellt."
[5] *Hein (2008), S.* 175.

Mit Rund-E-Mails von der Unternehmensleitung hat sich die empirische Online-Umfrage, die der Untersuchung zu Grunde liegt, beschäftigt. Über 200 Teilnehmer aus unterschiedlichen Unternehmen haben den Fragebogen beantwortet und dadurch offen gelegt, welche Reaktionen E-Mails von der Unternehmensleitung bei ihnen bewirken. Es wurde also nicht erfragt, welche Ziele die Absender der E-Mails verfolgen, sondern welche Wirkungen bei den Empfängern tatsächlich erreicht werden. Die Ergebnisse der Umfrage werden daraufhin untersucht, ob sich die Annahmen zum anzustrebenden Kommunikationsverhalten gemäß den Theorien der Organisationalen Lernens in der Rezeption der E-Mail-Empfänger widerspiegeln. Basierend auf den Ergebnissen der Umfrage sollen abschließend Empfehlungen für den Versand von E-Mails von der Unternehmensleitung formuliert werden. Die Umsetzung dieser Empfehlung kann dazu beitragen Prozesse Organisationalen Lernens innerhalb des Unternehmens zu fördern.

B. Kritische Vorstellung wesentlicher Theorien des Organisationalen Lernens

Zunächst werden wesentlich Theorien des Organisatorischen Lernens vorgestellt und kritisch bewertet. Ein vollständiger Überblick ist aufgrund der Vielzahl der Veröffentlichungen in der vorliegenden Arbeit nicht möglich. Die Bewertung erstreckt sich nicht darauf, eine Theorie als zutreffend oder überlegen zu beurteilen. Denn dies wäre nur möglich, wenn bekannt wäre, was Organisationales Lernen überhaupt ist. Wie sogleich dargelegt wird, gibt es aber keine einheitliche Definition des Organisationalen Lernens, an der die jeweiligen Theorien gemessen werden könnten. Definieren lässt sich nur, wann Organisationales Lernen statt gefunden hat, ein Lernerfolg also eingetreten ist. Die Bewertung der Theorien richtet sich also darauf, ob sie Lernerfolge innerhalb eines Unternehmens erklären können.

In einem weiteren Schritt werden die Theorien auf ihren Bezug zur Unternehmenspraxis untersucht. Eine Theorie erläutert und erklärt idealerweise Vorgänge, die in der Wirklichkeit beobachtet werden können. Durch diesen Bezug zu realen Geschehnissen sollte es möglich sein, Handlungsempfehlungen, z.B. für die Vorgehensweise bei der internen Unternehmenskommunikation, aus der Theorie zu gewinnen. Ob und in welchem Umfang dies bei den Theorien zum Organisationalen Lernen möglich ist, soll im Anschluss an die Vorstellung der jeweiligen Theorie diskutiert werden.

I. Definition der Lernerfolgs anstatt des Organisationalen Lernens

Martin Wiegand hat sich in seiner Dissertation umfassend mit fast sämtlichen Theorien des Organisationalen Lernens auseinander gesetzt[6]. Er gelangt mit nachvollziehbarer Argumentation zu dem Ergebnis, dass ein weithin akzeptiertes Konzept und eine entsprechende Definition Organisationalen Lernens in der Literatur nicht identifiziert werden können. Die Forschung wird von ihm „solipsistisch" genannt, da viele Forscher vorhandene Konzepte und Untersuchungen anderer Forscher nicht beachten und stattdessen jeweils eigene, unabhängige Modelle und Theorien entwickeln[7]. Zudem werde häufig der Begriff „Organisationales Lernen" von den Autoren überhaupt nicht explizit

---

[6] *Wiegand (1996).*
[7] *Wiegand (1996),* insbesondere S. 3f und S. 309 ff.

definiert, seine jeweilige Bedeutung könne nur aus der Betrachtung der Theorie erschlossen werden.

Aufgrund der Unabhängigkeit der unterschiedlichen Definitionen des Organisationalen Lernens ist es nicht möglich, die einzelnen Theorien „gegeneinander auszuspielen" und eine überlegene oder zutreffendere Theorie zu ermitteln. Denn jeder Ansatz beschreibt aus einer anderen Perspektive einen Teilbereich der komplexen Unternehmenswirklichkeit. Dieser Umstand muss bei der Formulierung von Hypothesen, die empirisch untersucht werden sollen, berücksichtigt werden. Es ist nicht möglich, eine Gesamttheorie des Organisationalen Lernens aufzustellen und zu einer Hypothese zusammen zu fassen[8]. Vielmehr können nur einzelne Aspekte von verschiedenen Theorien herausgegriffen werden, um jeweils getrennt und unabhängig voneinander untersucht werden. Der Vorteil dieses Ansatzes für die unternehmerische Praxis besteht darin, dass kein zwingender „Masterplan" für erfolgreiches Organisationales Lernen beachtet werden muss, sondern dass es vielmehr möglich ist, aus den unterschiedlichen, empirisch nachweislich sinnvollen Aspekten diejenigen auszuwählen, die für das eigene Unternehmen besonders gut geeignet erscheinen.

Auch wenn eine einheitliche Definition des Organisationalen Lernens nach dem derzeitigen Forschungsstand nicht möglich ist, so besteht doch Einigkeit über das Ziel des Organisationalen Lernens: Es soll ein sichtbarer Lernerfolg im Unternehmen feststellbar sein. Das Ergebnis sämtlicher nachfolgend beschriebener Modelle und Konzepte ist also der Lernerfolg. Wann von einem Lernerfolg gesprochen werden kann, soll nun definiert werden, da somit ein Maßstab gefunden werden kann, anhand dessen eine Überprüfung möglich ist, ob die unterschiedlichen Wege des Organisationalen Lernens wenigstens zu dem gewünschten, einheitlichen Ziel führen.

Wenn das Unternehmen als Organisation betrachtet wird, so kann ein Unternehmen definiert werden als „Gebilde, in dem verschiedene Personen miteinander interagieren, um individuelle und kollektive ökonomische Ziele zu erreichen"[9]. Ein Lernprozess hat

---

[8] So resignierend auch *Wahren (1996),* S. 8: „Insgesamt kann man feststellen, dass alle Definitionen (des Organisationalen Lernens – d. Verf.) Aspekte beinhalten, die man mit dem Begriff „Organisationales Lernen" in Verbindung bringen kann, jedoch keine einzelne Definition die vielfältigen Aspekte dieses Ansatzes in seiner ganzen Breite abdeckt. Vielleicht ist es sogar unmöglich, die vielfältigen Aspekte dieses Ansatzes innerhalb der üblichen Ein-Satz-Definition darzustellen."
[9] So beispielsweise *Jost (2008),* S. 10.

stattgefunden, wenn innerhalb des Unternehmens Veränderungen stattgefunden haben, die zu einer dauerhaft besseren Zielverwirklichung geführt haben. Die Verbesserung der Zielerfüllung kann dabei quantitativ sein, z.B. indem Kosten vermieden werden oder neue Märkte erschlossen werden, oder aber auch qualitativ, indem z.B. die Kundenzufriedenheit gestiegen ist.

Da die individuellen Ziele der Mitarbeiter und die Gesamtziele des Unternehmens nicht immer gleichlaufend sind, soll in der vorliegenden Arbeit eine bessere Zielverwirklichung nur dann angenommen werden, wenn bei abwägender Betrachtung sowohl die individuellen Ziele der Mitarbeiter als auch die Gesamtziele des Unternehmens insgesamt besser verwirklicht werden. Dabei kann es durchaus sein, dass eine geringere Zielverwirklichung eines Unterziels durch eine überproportional bessere Zielverwirklichung eines anderen Unterziels ausgeglichen wird.

Es ist darauf hinzuweisen, dass eine bessere Zielverwirklichung auch durch Veränderungen stattfinden kann, die wohl nicht dem Organisationalen Lernen zuzurechnen sind. Bei Entlassungen oder Umstrukturierungen kann höchstens die Entscheidung über diese Maßnahmen als Lernergebnis angesehen werden, kaum aber die Maßnahmen selbst. Diese Einschränkung ist für die vorliegende Arbeit jedoch irrelevant, da nur Theorien des Organisationalen Lernens daraufhin untersucht werden, ob sie zu einem Lernerfolg, also einer besseren Zielverwirklichung führen. Andere mögliche Ursachen für eine bessere Zielverwirklichung bleiben somit ausgeklammert.

Wesentlich ist auch eine *dauerhaft* bessere Zielverwirklichung. Denn es ist denkbar, dass z.B. eine Mitarbeiterin Arbeitstechniken entwickelt, die zu erheblichen Zeit- und Kosteneinsparungen führen. Wenn die Mitarbeiterin dieses Wissen nicht weitergibt, ist es mit dem Ausscheiden der Mitarbeiterin für das Unternehmen verloren. In diesem Fall hat nur die Mitarbeiterin individuell gelernt, nicht jedoch die gesamte Organisation. Ein Organisationaler Lernerfolg kann daher nur eintreten, wenn die bessere Zielverwirklichung personenunabhängig ist und auch nach dem Ausscheiden von Mitarbeitern vom Unternehmen weiterhin erreicht werden kann.

II. Ausgewählte wesentliche Theorien des Organisationalen Lernens

Obwohl die Theorien des Organisationalen Lernens insgesamt sehr heterogen sind, lassen sie sich doch auf Grund ihrer Grundannahmen in bestimmte Kategorien einteilen. In der vorliegenden Arbeit soll die Kategorisierung danach erfolgen, wie der Anreiz zum Lernen erfolgt. Zum einen gibt es Theorien, wonach Lernen auf Grund von Umwelteinflüssen stattfindet. Lernen wird in diesen Modellen, die zumeist bereits in den 70er Jahren des letzten Jahrhunderts entwickelt wurden, als Reaktion auf unerwünschtes Umweltverhalten verstanden.

Eine neuere Tendenz innerhalb der Theorien des Organisationalen Lernens stellen die wissensbasierten Ansätze dar. Hier wird betont, dass Lernen innerhalb einer Organisation nur dann möglich ist, wenn Wissen generiert und innerhalb der Organisation gespeichert wird. Dieses Lernen erfolgt unabhängig von äußeren Anlässen.

1. Theorien, die Lernen als Anpassung an die Umwelt ansehen

a) Der (gestörte) Lernzyklus von *March/Olsen*

aa) Überblick über die Theorie

James G. March gehört zu den Pionieren des Organisationalen Lernens. Seit den 60er Jahren des 20. Jahrhunderts hat er mit unterschiedlichen Co-Autoren Theorien des Organisationalen Lernens veröffentlicht und weiter entwickelt[10]. Von einer einheitlichen Theorie Marchs kann daher nicht gesprochen werden.

Den größten Einfluss auf die Theorien des Organisationalen Lernens hat das von *March* und *Olsen* vorgestellte Modell des vollständigen Lernzyklus[11], das in der Abbildung 1 schematisch dargestellt wird:

---

[10] Eine chronologische Übersicht der unterschiedlichen Theorien findet sich bei *Wiegand (1996)*, S. 179 ff.
[11] *March/Olsen (1976)*.

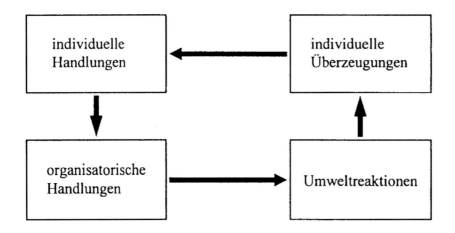

Abb. 1: Der vollständige Lernzyklus nach *March/Olsen*

Insgesamt werden vier Phasen des Lernzyklus unterschieden. Den Ausgangspunkt bilden die individuellen Überzeugungen der Organisationsmitglieder. Hierbei handelt es sich um bestimmte Einstellungen und Werturteile, die sowohl die allgemeine Weltsicht bestimmen als auch die Wahrnehmung der Organisation und ihrer Ziele. Diese Überzeugungen veranlassen jedes Organisationsmitglied zu bestimmten individuellen Handlungen innerhalb der Organisation. Das Zusammenspiel der vielen individuellen Handlungen führt zu organisatorischen Handlungen. Darunter ist allgemein das Verhalten der Organisation gegenüber der Umwelt zu verstehen. Denn aus einer Außenperspektive werden nicht mehr die einzelnen individuellen Handlungen wahrgenommen, sondern nur noch das Verhalten „der Organisation". Diese organisatorischen Handlungen führen zu Reaktionen der Umwelt.

Lernprozesse setzen ein, wenn die Reaktionen der Umwelt von den Organisationsmitgliedern als unerwünscht oder negativ wahrgenommen werden. In diesem Fall bewirken die negativen Umweltreaktionen eine Veränderung der individuellen Überzeugungen und Einstellungen. Dadurch kommt es zu einer Anpassung der individuellen Handlungen und somit auch der Handlungen der Organisation. Das Ergebnis der veränderten Handlungen ist eine veränderte Umweltreaktion.

Die Anpassungen der Einstellungen und Handlungen erfolgt so lange, bis die Umweltreaktionen in gewünschter Art und Weise ausfallen. In diesem Fall hat ein erfolgreicher Lernprozess der Organisation stattgefunden. Die Organisation hat also gelernt, indem sie die Umweltreaktionen beobachtet und ihre Handlungen entsprechend anpasst.

Der beschriebene Lernzyklus stellt nach Ansicht von *March/Olsen* ein Idealmodell dar. In der Praxis sei der Lernzyklus Störungen ausgesetzt, die optimales Lernen verhindern. Diese Störungen können auf sämtlichen Verknüpfungslinien zwischen den Ebenen des Lernzyklus auftreten.

So kann es zunächst Diskrepanzen zwischen dem Denken und Handeln der Organisationsmitglieder kommen. Trotz geänderter Einstellungen findet keine angemessene Änderung des individuellen Handelns statt. Gründe hierfür können beispielsweise Beschränkungen des Handlungsspielraums aufgrund von Regeln innerhalb der Organisation sein. Die Mitglieder können dann aufgrund von Rollenvorgaben bzw. Rollenbeschränkungen innerhalb der Organisation ihr Verhalten nicht ändern, obwohl sie den Änderungsbedarf erkannt haben.

Weitere Störungen können bei der Transformation des individuellen Handelns in organisatorische Handlungen auftreten. Diese Störungen entstehen, wenn es einzelnen Organisationsmitgliedern nicht gelingt, ihre veränderten Handlungen innerhalb der Organisation zu etablieren, weil sie beispielsweise auf Widerstand bei anderen Mitgliedern stoßen.

Schwieriger zu erklären ist die von *March/Olson* gesehene Möglichkeit einer Störung im Verhältnis der organisatorischen Handlungen zu den Umweltreaktionen. Diese Störungen werden von ihnen als „abergläubisches Erfahrungslernen" bezeichnet und betreffen die fehlerhafte Interpretation durch die Organisation, dass ihre Handlungen zu den unerwünschten Reaktionen der Umwelt geführt haben. Tatsächlich hat die Organisation jedoch richtig gehandelt und die unerwünschten Umweltreaktionen beruhen auf anderen, nicht erkannten Ursachen. Es handelt sich insoweit jedoch weniger um eine Störung im Verhältnis der Organisation zur Umwelt, sondern vielmehr um eine Störung der Wahrnehmung der Umwelt durch die Organisation, so dass diese Störung eher der vierten

Störungsmöglichkeit im Verhältnis „Umweltreaktionen – Individuelle Überzeugungen" zugeschrieben werden sollte[12].

Diese soeben genannte vierte Störungsquelle liegt darin, dass die Organisationsmitglieder die Umweltreaktionen falsch einschätzen. Es werden entweder Kausalitäten vermutet, die nicht bestehen, oder umgekehrt bestehende Kausalitäten zwischen dem Organisationshandeln und den Umweltreaktionen übersehen. Ein Grund für diese Störung kann beispielsweise darin liegen, dass die Umwelt nur nach altbekannten Mustern interpretiert wird und keine Bereitschaft besteht, die bestehenden Überzeugungen zu revidieren und neue Denkansätze zu entwickeln.

Wenn sich die Organisation bewusst ist, dass der Lernzyklus gestört sein kann, besteht die Möglichkeit, die Störungen zu identifizieren und zu beseitigen, um so zu optimalen Lernprozessen innerhalb der Organisation zu gelangen.

bb) Bewertung der Theorie von *March/Olsen*

March/Olsen haben erkannt, dass die Organisation in die Umwelt eingebettet ist und von der Umwelt abhängig ist. Die Tätigkeiten der Organisation sind kein Selbstzweck, sondern verfolgen Ziele in der Außenwelt. Bei Nichterreichung dieser Ziele muss sich die Organisation verändern. Der Lernerfolg ist dauerhaft, da das individuelle Handeln in organisatorisches Handeln transformiert wird, sodass die neue Handlungsweise unabhängig von den einzelnen Mitarbeitern ist. Daher wird ein Lernerfolg gemäß der vorliegend verwendeten Definition erreicht.

Die Organisation wird von *March/Olsen* in einem evolutionären Prozess gesehen, der eine dauernde Veränderungsbereitschaft auf Grund der wandelnden Umweltbedingungen erfordert. Damit wird deutlich, dass ein Unternehmen nicht gleich bleiben kann, wenn sich die Rahmenbedingungen verändern. Die Veränderungen müssen dabei „im Kopf" der Organisationsmitglieder beginnen. Nur durch Einstellungsveränderungen können dauerhafte Verhaltensveränderungen erzielt werden. Diese Aussage dürfte für die betriebliche Praxis von besonderer Relevanz sein. Denn dadurch wird deutlich, dass Veränderungen nur dann erfolgreich umgesetzt werden können, wenn sich zunächst das

---

[12] So die zutreffende Kritik von *Wiegand (1996)*, S. 189.

Denken der Mitarbeiter verändert, indem beispielsweise eine größere Kundenorientierung im Bewusstsein der Mitarbeiter entsteht.

Zutreffend ist auch die Beobachtung, dass der Lernzyklus häufig gestört ist und so ein optimaler Lernerfolg verhindert werden kann. Durch die Differenzierung der verschiedenen Störungstypen wird die Analyse der Organisation und möglicher suboptimaler Strukturen innerhalb der Organisation präziser, sodass rascher erkannt werden kann, an welchen Stellen Handlungsbedarf besteht.

Allerdings bleibt auch im idealen Lernzyklus unklar, wie genau ein Lernprozess abläuft. Warum die Organisationsmitglieder und sodann die gesamte Organisation eine bestimmte Handlungsweise als Reaktion auf negative Umweltreaktionen ergreifen, wird nicht erläutert. Durch den Hinweis, dass der Lernzyklus so oft wiederholt wird, bis die gewünschten Umweltresultate eintreffen, entsteht der Eindruck, dass Lernen durch die Methode „Trial and Error" erfolgt.

Eine häufig geäußerte Kritik am Ansatz von *March/Olsen* ist, dass sie nur reaktives Lernen, also Lernen aufgrund von Umwelteinflüssen, erklären[13]. Eine Organisation lernt aber nicht nur auf Grund von Reiz-Reaktions-Ketten. Es ist denkbar und sinnvoll, wenn sowohl Organisationsmitglieder als auch die gesamte Organisation dauernd auf der Suche nach neuen und besseren Lösungen für die anstehenden Probleme sind. Denn „auch das Gute kann stets noch verbessert werden". Zwar könnte auch die Vorgabe der Geschäftsleitung, den bestehenden Gewinn um 10 % zu erhöhen oder der Wille der Vertriebsabteilung, die hohe Kundenzufriedenheit weiter zu steigern, als externer Umwelteinfluss gesehen werden. Aber durch diese Definition des Umwelteinflusses würde letztendlich die Grenze zwischen Organisation und Umwelt verwischt und letztendlich alle Umstände zu Umwelteinflüssen erklärt werden. Dass die Suche nach Verbesserungen auch alleine durch den Willen zur Perfektionierung angeregt sein kann, bliebe so unberücksichtigt.

---

[13] *Schreyögg (2008)*, S. 532.

cc) Die Rolle der Kommunikation im Modell von *March/Olsen*

Unklar ist bei *March/Olsen,* wer innerhalb eines Unternehmens Lernprozesse initiieren soll. Ihre Ansicht hierzu kann aus der Beschreibung der Störungen des Lernzyklus abgeleitet werden. Übertragungsstörungen zwischen dem individuellen Handeln und den organisatorischen Handlungen dürften besonders dann häufig sein, wenn in unteren Hierarchiestufen Lernprozesse stattgefunden haben. Denn in diesem Fall müssen die oberen Hierarchiestufen von der Richtigkeit der Lernprozesse überzeugt werden, damit eine Veränderung der organisatorischen Handlungen überhaupt zugelassen wird.

Optimale Lernprozesse sind daher dann möglich, wenn die Hierarchiespitzen auf veränderte Umweltbedingungen reagieren. Denn die Unternehmensleitung kann ihre Lernergebnisse leichter innerhalb der Organisation durchsetzen als Mitarbeiter in niedrigeren Hierarchiestufen[14].

Somit ist davon auszugehen, dass nach *March/Olsen* ein Lernprozess auf Ebene der Unternehmensleitung beginnt, die auf Umwelteinflüsse reagiert, ihre Einstellung anpasst und die notwendig erscheinenden Maßnahmen trifft. Die Aufgabe der Unternehmensleitung ist es nun, die gewünschten Veränderungen innerhalb des Unternehmens zu erreichen. Dies kann nur durch interne Kommunikation geschehen. Dabei ist es unproduktiv, ausschließlich die individuellen Handlungen der Mitarbeiter verändern und quasi eine Stufe des Lernzyklus überspringen zu wollen. Denn ein derartiger Veränderungsdruck führt zu Diskrepanzen zwischen den gleich gebliebenen Überzeugungen der Mitarbeiter und ihren – aufgezwungen – neuen Handlungsweisen und somit zur Unzufriedenheit der Mitarbeiter. Vielmehr muss es Ziel der internen Kommunikation sein, die Mitarbeiter für die geänderte Situation zu sensibilisieren und sie davon zu überzeugen, dass die Interpretation der geänderten Umweltbedingungen durch die Unternehmensleitung sinnvoll und zutreffend ist. Auf diese Weise können die individuellen Überzeugungen der Mitarbeiter an die Überzeugungen der Unternehmensleitung angeglichen werden, sodass die notwendigen Verhaltensänderungen von den Mitarbeitern unterstützt und getragen werden. Ob Rund-E-Mails der Unternehmensleitung ein geeignetes Medium hierfür sind, soll im dritten Teil des Buches untersucht werden.

---

[14] So auch *Wilkesmann/Romme (2003).*

b) Die verschiedenen Lernebenen nach *Argyris/Schön*

Die Theorie von *Chris Argyris* und *Donald A. Schön* wird in der Literatur häufig unter dem Oberbegriff „Organisationslernen als Schaffen einer gemeinsamen Wirklichkeit" behandelt und damit einer anderen Kategorie als die Theorie von *March/Olsen* („Organisationslernen als Adaption") zugeordnet[15]. Damit wird Bezug genommen auf die Handlungstheorie von *Argyris/Schön,* die ihrem Modell zu Grunde liegt und die davon ausgeht, dass Handlungen auf Grund von gemeinsam geteilten Werten innerhalb einer Organisation erfolgen. Die Frage, welche Handlungstheorie einem Modell zu Grunde liegt, und die Frage, welche Umstände im jeweiligen Modell Lernprozesse auslösen, sind jedoch zwei voneinander unabhängige Vergleichskriterien. Wie sogleich erläutert wird, gehen auch *Argyris/Schön* davon aus, dass Lernen eine Reaktion auf unerwünschte Umweltentwicklungen ist und haben insoweit ähnliche Überlegungen wie *March/Olsen.*

aa) Überblick über die Theorie

Fast zeitgleich mit March/Osen haben Argyris und Schön ihre Theorie des Organisationalen Lernens im Jahr 1978 veröffentlicht[16]. Auch ihr Ansatz geht zunächst davon aus, dass Lernen dann statt findet, wenn die Organisation unerwünschte Umweltreaktionen feststellt. Dabei unterschieden sie zwei eigentliche Lernebenen sowie eine Meta-Lernebene. Die Lernebenen werden in Abbildung 2 veranschaulicht.

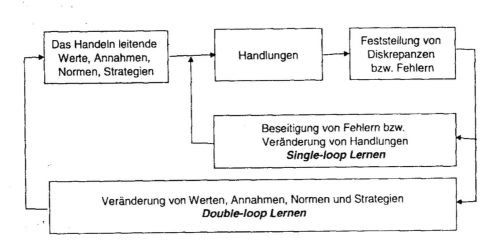

Abb. 2: Die zwei Lernebenen nach *Argyris/Schön*

---

[15] *Neumann (2000),* S. 77; *Schreyögg (2008),* S. 538.
[16] *Argyris/Schön (1978).*

17

Sobald eine Organisation auf Grund der Umweltreaktionen Fehler in ihren Handlungen bemerkt, wird sie bemüht sein, ihre Handlungen zu optimieren, um die Fehler zu beseitigen. Dabei wird sie nach *Argyris/Schön* zunächst versuchen, ihre Handlungen innerhalb des festgelegten Bezugsrahmens der Organisation zu verändern. Dieses Lernen bezeichnen sie als „Single-loop-Lernen". Es werden also Verfahrensweisen verändert, ohne dass die Grundüberzeugungen und Grundorientierungen der Organisation verändert werden. Damit werden lediglich operative Anpassungen innerhalb der Organisation vorgenommen[17].

Können durch die Veränderungen auf der 1. Ebene die gewünschten Ergebnisse nicht erreicht werden, muss ein Lernprozess stattfinden, der von *Argyris* und *Schön* „Double-loop-Lernen" bezeichnet und als wesentlicher für eine erfolgreiche Organisation angesehen wird. Beim Double-loop-Lernen stehen die Prämissen des Handelns der Organisation zur Disposition. Aufgrund des fehlgeschlagenen Single-loop-Lernprozesses haben sich offensichtlich die bis dahin geltenden Grundwerte und Überzeugungen der Organisation als problematisch erwiesen, da sie keine Grundlage für die erfolgreiche Fehlerbeseitigung gebildet haben. Daher müssen nun die Grundüberzeugungen und Zielvorstellungen der Organisation angepasst werden, um so einen neuen Bezugsrahmen für zukünftiges erfolgreiches Single-loop-Lernen zu schaffen[18].

Argyris und *Schön* kritisieren, dass die Gestaltung von Lernen in Organisationen in der Regel auf die Förderung von Single-loop-Lernen beschränkt ist. Sie machen deutlich, dass die Kernvoraussetzungen für erfolgreiches Double-loop-Lernen Offenheit und Unvoreingenommenheit innerhalb der Organisation sind. Denn nur so können fest gefügte Basisorientierungen und in der Vergangenheit erfolgreiche Handlungsmuster eine Revision unterworfen werden. Da diese Offenheit einer Organisation häufig fehlt, sei ein externer Berater oder „Interventionist" notwendig, der Abwehrhaltungen gegen eine

---

[17] *Schreyögg (2008)*, S. 539.
[18] Was unter den Grundüberzeugungen und Zielvorstellungen des Unternehmens zu verstehen ist, wird in der Literatur unterschiedlich gesehen. *Wilkesmann (2000)*, S. 477, hält beispielsweise auch die Anpassung von Mengen-Ziel-Korridoren für einen Prozess des Double-loop-Lernens. Eine derartige Veränderung kann jedoch auch innerhalb der bestehenden Grundwerte und Überzeugungen des Unternehmens vorgenommen werden, wenn diese Grundwerte auch den Satz umfassen „Wir produzieren so viel, wie der Markt verlangt." Daher dürfte es sich bei den Grundannahmen um tiefer liegende Überzeugungen handeln, die eher das Fundament des gesamten Handelns des Unternehmens bilden. Nur bei dieser Interpretation der Grundannahmen ist eine trennscharfe Unterscheidung zwischen Single-loop-Lernen und Double-loop-Lernen möglich.

Veränderung der bestehenden Unternehmens-Grundwerte lockert und die Voraussetzungen für Double-loop-Lernen durch bestimmte Maßnahmen, wie beispielsweise Einzelinterviews, Gesprächsrunden oder andere didaktische Methoden, schafft.

Sofern es einer Organisation einmal gelingt, sich für Double-loop-Lernprozesse zu öffnen, kann sie sich die dabei gemachten Erfahrungen für zukünftige Veränderungsprozesse nutzbar machen. Die Reflektion von erfolgreichen Lernprozessen und das Sammeln von Wissen über diese Lernprozesse kann als eigener Lernprozess auf einer Meta-Ebene aufgefasst werden. Es findet dann ein „Lernen über das Lernen" statt. Dieses Lernen, das über die Reaktion auf Umwelteinflüsse hinausgeht, wird als „Deutero-Lernen" bezeichnet. Die Organisation lernt dabei, für künftige Lernnotwendigkeiten lernfähig zu sein.

bb) Bewertung der Theorie von *Argyris/Schön*

Wie *March/Olsen* gehen auch *Argyris/Schön* davon aus, dass zwischen Handlungen und den Grundannahmen, auf denen Handlungen basieren, unterschieden werden muss. Allerdings glauben sie, dass es nicht bei jeder unerwünschten Umweltreaktion notwendig ist, die Grundannahmen zu überprüfen. Viele Fehler können auch durch einfache Handlungsänderungen vermieden werden, die ebenfalls von den bisherigen Grundannahmen gedeckt sind. Diese Annahme erscheint realitätsnah.

Das Double-loop-Lernen ähnelt dagegen dem Lernzyklus von *March/Olsen* insoweit, als dass die Überzeugungen und Wertungen, die hinter den Handlungen stehen, geändert werden[19]. Während *March/Olsen* jedoch Veränderungen der individuellen Einstellungen jedes Organisationsmitgliedes verlangen, meinen *Argyris/Schön,* dass der Bezugsrahmen und das Wertesystem der Organisation insgesamt verändert werden müsse. Sie gehen also von organisationsimmanenten Werten aus und nicht von individuellen Wertvorstellungen. Diese Unterscheidung der Träger der Werte (entweder die Organisation oder die Organisationsmitglieder) dürfte jedoch nur geringe praktische Auswirkungen haben. Denn eine Organisation kann auch nach *March/Olsen* nur dann sinnvoll arbeiten, wenn

---

[19] Ähnlich *Wiegand (1996),* S. 201: „So lassen *Argyris/Schön* die Konzeptionen von March völlig unberücksichtigt, obwohl sich beispielsweise das Konzept des Erfahrenslernens im Rahmen ihres Ansatzes durchaus hätte integrieren lassen."

die individuellen Überzeugungen in den für die Organisation relevanten Punkten übereinstimmen. Insofern gehen beide Modelle von Wertvorstellungen aus, die von allen Mitgliedern der Organisation geteilt werden.

Im Gegensatz zu *March/Olsen* verzichten *Argyris/Schön* auf die Differenzierung zwischen individuellem Handeln und organisatorischem Handeln. Dies ist ein großer Kritikpunkt, da so noch weniger deutlich wird, welche Organisationsmitglieder wie lernen. Da der Interventionist jedoch primär das Top-Management beraten soll, ist davon auszugehen, dass auch *Argyris/Schön* das Lernen auf Ebene der Unternehmensleitung ansiedeln[20]. Mitarbeitern auf den niedrigeren Hierarchieebenen wird dagegen nur ein geringer Stellenwert für Organisationales Lernen zugebilligt. Dabei dürften es gerade diese Mitarbeiter sein, die mehr oder weniger selbstständig Single-loop-Lernprozesse initiieren und so helfen, dass das Unternehmen flexibel auf kleinere Fehler reagieren kann.

Durch Prozesse des Deutero-Lernens wird die Organisation dauerhaft lernfähig gemacht. Somit liefern *Argyris/Schön* eine Erklärung, wie Lernerfolge dauerhaft im Unternehmen verankert werden können. Daher erreicht auch ihr Ansatz einen Lernerfolg gemäß der in dieser Arbeit vertretenen Definition.

Da *Argyris/Schön* Organisationales Lernen als Reflex auf unerwünschte Umweltreaktionen ansehen, kann auch ihnen vorgeworfen werden, dass sie Lernprozesse, die aus dem Unternehmen heraus angestoßen werden, nicht erklären können. Es ist sogar zu vermuten, dass sie derartige Lernprozesse für unwahrscheinlich halten, da sie glauben, dass ohne einen externen Interventionisten nachhaltige Lernprozesse aufgrund der häufig fehlenden Offenheit für Veränderungen innerhalb einer Organisation überhaupt nicht angestoßen werden können.

cc) Die Rolle der Kommunikation im Modell von *Argyris/Schön*

Wie soeben erläutert weisen *Argyris/Schön* die Aufgabe des Double-loop-Lernens der Unternehmensleitung zu. Die Unternehmensleitung muss die neuen Grundannahmen und Wertvorstellungen des Unternehmens ermitteln und definieren. Sodann müssen diese

---

[20] *Wiegand (1996)*, S. 222 f.

Grundsätze innerhalb des Unternehmens implementiert werden. Dies kann wiederum nur durch interne Kommunikation geschehen.

Durch die klare Trennung zwischen operativen Veränderungen (Single-loop-Lernen) und strategischen Veränderungen (Double-loop-Lernen) wird bei *Argyris/Schön* der Inhalt der internen Unternehmenskommunikation deutlicher als bei *March/Olsen*. Es geht weniger um die Vermittlung konkreter Handlungsanweisungen durch die Unternehmensleitung, sondern um die Veränderung der Grundwerte der Organisation und damit der Grundwerte jedes einzelnen Mitarbeiters. Im Ergebnis ähneln sich daher die Anforderungen, die *March/Olsen* und *Argyris/Schön* an die interne Unternehmenskommunikation stellen.

Informationen über das Deutero-Lernen müssen dagegen nicht unbedingt an die Mitarbeiter weitergegeben werden. Dieses Wissen muss nur in geeigneter Weise innerhalb der Unternehmensleitung gespeichert werden, sodass es auch Nachfolgern zugänglich ist. Daher berühren diese Informationen nicht den Kommunikationsfluss zwischen Unternehmensleitung und Mitarbeitern. Sie können daher bei der Untersuchung der E-Mails an die Mitarbeiter ausgeklammert werden.

2. Wissensbasierte Theorien des Organisationalen Lernens

Seit den 80er Jahren des 20. Jahrhunderts findet ein Perspektivenwechsel in den Theorien des Organisationalen Lernens statt. Dieser Wechsel kann zum einen mit den Entwicklungen der Computertechnologie und zum anderen mit der immer größeren Bedeutung von Dienstleistungsunternehmen zusammen hängen. Dabei wurde erkannt, dass Wissen, z.B. in Form von Patenten, Technologien, Erfahrungen und Fertigkeiten der Mitarbeiter oder Informationen über Märkte, Wettbewerber und Kunden eine immer größere Rolle für den Unternehmenserfolg spielen. Durch die Fortschritte der Informationstechnologie war es möglich, dieses Wissen in immer größeren Umfang zu speichern, zu verwalten und den Nutzern leichter zugänglich zu machen.

Basierend auf diesen Erkenntnissen und Beobachtungen wurden zahlreiche Theorien entwickelt, die Organisationales Lernen als die Erweiterung des Wissens der Organisation auffassen. Lernen wird nicht mehr länger als bloße Reaktion auf externe Umweltveränderungen mittels einer Reiz-Reaktions-Kette aufgefasst, sondern auch als umweltunabhängiger Erwerb von Wissen. Die Organisation beginnt aus eigenem Antrieb zu lernen, indem sie Wissen systematisch aufbaut. Ein so verstandenes Lernen führt nicht sofort zu äußerlich sichtbaren Verhaltensveränderungen. Die Organisation wird jedoch in die Lage versetzt, auf Grund ihres „Wissensschatzes" bei künftigen Veränderungen besser und schneller reagieren zu können, da sie nun nicht erst Lösungskonzepte suchen muss, sondern entsprechende Konzepte bereits vorbereitet worden sind[21].

Die Zahl der unterschiedlichen wissensbasierten Theorien des Organisationalen Lernens ist sehr hoch und nur schwer überschaubar: Wiegand beschreibt sechs Theorien ausführlich und erwähnt ca. vier weitere Theorien kurz[22]. In einer anderen Übersicht werden sogar ca. 25 Veröffentlichungen der Wissensperspektive zugerechnet[23]. Nachfolgend sollen zwei Theorien des wissensbasierten Organisationalen Lernens exemplarisch vorgestellt werden, da diese beiden Theorien zwei unterschiedliche Dimensionen des Wissens beschreiben, das von Organisationen erworben werden muss.

a) Lernen im Schichtenmodell der organisatorischen Wissensbasis nach *Pautzke*

Gunnar Pautzke hat im Jahr 1989 die erste fundierte wissensbasierte Theorie des Organisationalen Lernens im deutschsprachigen Raum vorgelegt[24]. Er unterscheidet verschiedene Wissensschichten, die in Abbildung 3 dargestellt werden.

Abb. 3: Das Schichtenmodell der organisatorischen Wissensbasis nach *Pautzke*

---

[21] *Schreyögg (2008),* S. 532.
[22] *Wiegand (1996),* S. 236 ff.
[23] *Pawlowski/Geppert (2005),* S. 271.
[24] *Pautzke (1989).*

Die innerste Schicht bildet das von allen Organisationsmitgliedern geteilte Wissen. Dieses Wissen ist unabhängig von den einzelnen Mitgliedern und bleibt der Organisation auch beim Ausscheiden von Mitgliedern erhalten. Die Mitglieder der Organisation verfügen daneben noch über eigenes individuelles Wissen, das in zwei Kategorien aufgeteilt wird. Zum einen verfügen die Mitglieder über Wissen, das der Organisation zugänglich ist. Es handelt sich hierbei beispielsweise um Expertenwissen einzelner Mitglieder, das aktiv vom Unternehmen genutzt wird. Daneben haben alle Mitglieder aber auch individuelles Wissen, das der Organisation nicht zugänglich ist. Dabei kann es sich einerseits um Wissen handeln, das für die Organisation nicht relevant ist, oder aber auch um Wissen, das von den Mitarbeitern bewusst oder unbewusst der Organisation vorenthalten wird.

Die Organisation kann somit zunächst nur das von allen geteilte Wissen und das ihr zugängliche individuelle Wissen der Mitarbeiter nutzen. Diese beiden Wissensschichten bilden daher die „aktuelle Wissensbasis" der Organisation.

Die beiden äußeren Schichten umfassen Wissen außerhalb der Organisation bzw. ihrer Mitglieder. Hier erkennt *Pautzke* zunächst Wissen, über das die Organisation und ihre Mitglieder zwar nicht verfügen, dessen Existenz ihnen jedoch bewusst ist und das sie daher bei Bedarf erwerben können. Die Organisation verfügt bezüglich dieses Wissens über ein Metawissen seiner Existenz und Verfügbarkeit, nicht jedoch über das konkrete Wissen selbst. Beispiele für dieses Wissen sind Informationen, die aus Büchern oder Datenbanken gewonnen werden können, aber auch das Wissen von Unternehmensberatern oder Anwälten, auf das bei Bedarf bekanntermaßen zurück gegriffen werden kann.

Die äußerste Schicht umfasst das „sonstige kosmische" Wissen. Hierbei handelt es sich um eine Residualgröße, die die Gesamtheit das Wissens der Welt erfasst, das nicht in den vier anderen Schichten aufgeführt ist. Die Existenz dieses Wissens ist der Organisation und ihren Mitgliedern auch nicht als Metawissen bekannt ist. Durch diese äußerste Ebene wird angedeutet, dass eine Organisation stets nur über einen Bruchteil des gesamten Wissens verfügen kann[25]. Dabei ist zu berücksichtigen, dass ein Großteil des kosmischen

---

[25] *Scholz (2000)*, S. 279.

Wissens für eine Organisation auch irrelevant sein dürfte, sodass insoweit kein nachteiliges Wissensdefizit vorliegt[26].

Lernen geschieht, wenn Wissen von einer äußeren Schicht in eine innere Schicht transformiert wird. Die wesentliche Unterscheidung ist dabei, ob die aktuelle Wissensbasis der Organisation erweitert wird oder nicht. Eine Erweiterung der aktuellen Wissensbasis findet statt, wenn der Organisation nicht zugängliches individuelles Wissen zugänglich gemacht wird. Ob dies jedoch wirklich als Lernprozess bezeichnet werden kann, erscheint fraglich. Denn weder das Wissen der einzelnen Mitglieder noch das Wissen der Organisation erweitert sich. Es wird lediglich eine interne – mentale – Barriere bei einem Organisationsmitglied abgebaut, die bislang verhindert hat, dass das Organisationsmitglied sein gesamtes vorhandenes relevantes Wissen in die Organisation einbringt.

Dagegen findet tatsächlich ein Lernprozess im Sinne einer Wissenserweiterung der Organisation oder ihrer Mitglieder statt, wenn Umweltwissen erworben wird. Dabei ist es denkbar, dass zunächst nur einige Organisationsmitglieder individuelles Wissen erwerben oder aber gleich die gesamte Organisation.

Aber auch innerhalb der aktuellen Wissensbasis einer Organisation kann Wissen transformiert werden und zwar dann, wenn das Einzelwissen von Organisationsmitgliedern zu Wissen wird, das von allen geteilt wird. Dabei ist es nicht notwendig, dass alle Organisationsmitglieder das gesamte Wissen der anderen Organisationsmitglieder aktiv erwerben. Es ist bereits ausreichend, wenn das Wissen allen Organisationsmitgliedern dauerhaft verfügbar gemacht wird, sodass sie bei Bedarf darauf zurückgreifen können. Wie dies gewährleistet werden kann, ist keine Frage mehr des Organisationalen Lernens, sondern des Wissensmanagements, einem eigenen Forschungsbericht innerhalb der Organisationslehren[27].

---

[26] In Anlehnung an ein bekanntes Zitat von Donald Rumsfeld könnten die beiden zuletzt besprochenen Wissensschichten als „the known unknown" und „the unknown unkown" bezeichnet werden.
[27] Zu den Übergängen von Organisationalem Lernen zum Wissensmanagement etwa *Wilkesmann/Romme (2003)*.

b) Implizites und explizites Wissen nach *Nonaka*

Auch *Ikujiro Nonaka* geht davon aus, dass Organisationales Lernen als Transformation von Wissen von einer Ebene auf eine andere Ebene verstanden werden kann[28]. Die Ebenen werden bei ihm jedoch anders als bei *Pautzke* definiert. *Nanaka* greift einen Ansatz von *Michael Polyani* aus den 50er Jahren auf[29] und unterscheidet zwischen explizitem und implizitem Wissen, das jeweils auf Ebene der einzelnen Organisationsmitglieder oder auch Ebene der Organisation vorhanden sein kann.

Explizites Wissen ist Verstandeswissen, das der Wissende durch Kommunikation weitergeben kann. Es kann vom Wissenden in Worten beschrieben werden. Der Wissende ist sich also bewusst, dass er über das jeweilige explizite Wissen verfügt und kann dieses Wissen zielgerichtet mitteilen.

Implizites Wissen ist dagegen Erfahrungswissen, das zunächst vom Wissenden nicht in Worte gefasst werden kann. Es handelt sich beispielsweise um Fähigkeiten, die der Wissende kann, ohne sich dessen bewusst zu sein. Implizites Wissen wird gleichsam automatisch, intuitiv und unbewusst angewendet[30].

Lernprozesse finden statt, wenn entweder innerhalb einer Person implizites Wissen in explizites Wissen umgewandelt wird oder umgekehrt oder wenn eine Person implizites oder explizites Wissen von anderen Personen erwirbt[31]. Entsprechend unterscheidet *Nonaka* vier unterschiedliche Lernformen, die in der nachfolgenden Abbildung 5 schematisch dargestellt sind:

---

[28] *Nonaka (1994).*
[29] Hinweise auf *Michael Polyani* finden sich bei *Wiegand (1996)*, S. 254 und *Wilkesmann (2000)*, S. 481.
[30] Als Beispiel für implizites Wissen nennt *Nonaka* die unbewusste Knettechnik eines Bäckers, die zu besonders guten Broten führt. Diese Technik konnte der Bäcker nicht erklären, sie musste durch Beobachtung erkannt werden.
[31] *Sonntag (1996)*, S. 72.

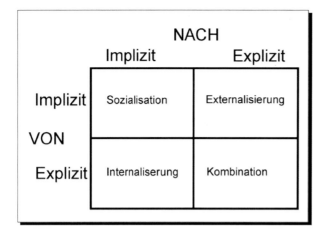

Abb. 4: Formen der Wissenstransformation nach *Nonaka*

Als Sozialisation bezeichnet *Nonaka* die Weitergabe von implizitem Wissen. Dies geschieht, wenn Mitarbeiter durch Beobachtung und Nachahmen die Arbeitsmethoden von Kollegen übernehmen. Eine Verbalisierung dieses Wissens ist hierzu nicht erforderlich. Der Wissensaustausch ist daher nur im unmittelbaren Zusammenarbeiten möglich, das lange genug andauern muss, um Beobachtungen zu ermöglichen[32]. Die Übernahme des impliziten Wissens kann bewusst oder auch unbewusst erfolgen.

Um Wissen umfassender innerhalb einer Organisation weiter zu geben, muss die Externalisierung von implizitem Wissen in explizites Wissen erfolgen. Der Wissende muss sich seines Wissens bewusst werden und es reflektieren, damit es in konkrete Worte gefasst, vermittelt und für alle Organisationsmitglieder zugänglich gespeichert werden kann.

Die Vermittlung von explizitem Wissen kann schließlich beim Empfänger wiederum zu implizitem Wissen führen, wenn er das neue Wissen so verinnerlicht hat, dass er es automatisch anwendet ohne weiter darüber nachzudenken. Dieser Vorgang wird von *Nonaka* als Internalisierung bezeichnet.

Etwas außerhalb dieser „Spirale" vom impliziten Wissen der Lehrenden zum expliziten Wissen, das weitergegeben wird und sodann beim Lernenden wieder zu impliziten Wissen wird, steht die Kombination von neu erworbenem explizitem Wissen mit

---

[32] Für Sozialisation muss eine „Face-to-Face-Situation" vorliegen, so *Wilkesmann (2000)*, S. 482.

anderem, bereits bestehenden expliziten Wissen, die geeignet ist, neue und komplexe Wissenszusammenhänge zu schaffen.

Die Organisation lernt, wenn es ihr gelingt, die soeben beschriebene Wissensspirale in Gang zu setzen und die Organisationsmitglieder ihr implizites Wissen entweder durch Sozialisation oder – besser noch – durch Externalisierung an andere Organisationsmitglieder weitergeben, bei denen dadurch eigenes, neues implizites Wissen entstehen kann. Eine wesentliche Rolle beim Lernprozess weist *Nonaka* dabei dem „Middle-up-down Management" zu. Durch das mittlere Management soll die Übersetzung des impliziten Wissens sowohl des Top-Managements als auch der Mitarbeiter in explizites Wissen erfolgen, um so einen umfassenden Wissenstransfer zwischen allen Ebenen innerhalb des Unternehmens zu ermöglichen.

c) Bewertung der Theorien von *Pautzke* und *Nonaka*

Die Wissenskonzepte von *Pautzke* und *Nonaka* stehen nicht im Widerspruch zueinander, sondern ergänzen sich. Das Schichtenmodell von *Pautzke* kann leicht auf den inneren Ebenen um die Kategorien implizites und explizites Wissen erweitert werden, um so ein mehrdimensionales Modell des Wissens und der Wissensgenerierung zu erzeugen.

Die wesentliche Erkenntnis der wissensbasierten Theorien des Organisationalen Lernens gegenüber den Theorien, die Lernen als Anpassung auf Umwelteinflüsse auffassen, besteht darin, dass nunmehr eine Erklärung gegeben wird, auf welche Weise eine bessere Anpassung an die Umwelt erfolgen kann, nämlich durch den Einsatz von neuem Wissen. Der Begriff des „Wissens" ist dabei sehr umfassend und umfasst neben dem Daten-wissen auch Fähigkeiten, Arbeitstechniken oder Organisationsabläufe. Nur durch neues Wissen ist eine zielgerichtete Veränderung möglich. Der Verdacht, dass Lernen als „Trial-and-Error-Verfahren" aufgefasst wird, besteht bei wissensbasierten Theorien des Organisationalen Lernens nicht.

Bezüglich den Quellen, aus denen neues Wissen geschöpft werden kann, ist *Pautzkes* Modell umfassender, da es auch das außerhalb der Organisation in der Umwelt vorhandene Wissen berücksichtigt, das neu von der Organisation aufgenommen werden kann. Demgegenüber wird bei *Nonaka* ein größerer Schwerpunkt auf die

Wissensgewinnung und Wissensweitergabe innerhalb der Organisation gelegt. Dies ist insofern nachvollziehbar, als dass die Gewinnung von neuem Wissen von außerhalb der Organisation wohl regelmäßig nur durch explizites Wissen erfolgen wird[33], sodass die übrigen von *Nonaka* beschriebenen Formen der Wissensvermittlung bei diesem Wissenstransfer von außen nur eine geringe Rolle spielen[34].

Fraglich ist, ob bei wissensbasierten Modellen des Organisationalen Lernens von einem Lernerfolg im Sinne der in dieser Arbeit verwendeten Definition gesprochen werden kann. Sofern man als Ziel der Organisation auch die Wissensanhäufung sieht, führen die vorgestellten Theorien durchaus zu einem dauerhaften Lernerfolg, da diese Zielverwirklichung verbessert wird. Eine derartige Zieldefinition wäre jedoch zirkelschlüssig, da nun als Ziel gerade das Ergebnis der Theorien definiert würde.

Zu einer darüber hinausgehenden besseren Zielverwirklichung des Unternehmens kommt es erst, wenn das gelernte Wissen auch im Unternehmensalltag angewendet wird. Wie die Anwendung des in der Organisation vorhandenen Wissens bei einem konkreten Problem gesichert werden kann, wird von den Theorien nicht problematisiert. Ein Grund für das Ignorieren dieses Aspekts kann darin liegen, dass von den Autoren vermutet wird, dass sich die Organisation optimal verhält und vorhandenes Wissen auch bestmöglich nutzt, da es andernfalls nicht als vorhanden angesehen werden kann. Unter dieser Annahme, dass die Wissenstransformation auch zu einer Anwendung des Wissens führt, können die Theorien einen dauerhaften Lernerfolg erklären.

d) Die Rolle der Kommunikation in wissensbasierten Theorien des Organisationalen Lernens

Da bei den wissensbasierten Theorien des Organisationalen Lernens Wissen geschaffen und weitergegeben wird, müssen sich innerhalb der Organisation stets verbale und nonverbale – so bei der Weitergabe von implizitem Wissen – Kommunikationsprozesse abspielen. Der Wissenserwerb kann auf jeder Hierarchiestufe innerhalb des

---

[33] Dies ergibt sich aus einer grafischen Darstellung von *Nonakas* Modell bei *Wiegand (1996)*, S. 258.
[34] Im Brotteig-Beispiel hat die Backmaschinenfabrik jedoch das Wissen um die Knettechnik durch langfristige Beobachtung des Bäckers gewonnen. Anwendbar war dieses Wissen aber auch erst dann, nachdem die Mitarbeiterin dieses Wissen externalisiert hat und so den anderen Technikern vermitteln konnte. Ob das Beispiel auf andere Bereiche in sinnvoller und praktikabler Weise übertragen werden kann, erscheint fraglich.

Unternehmens erfolgen. Daher können die für den Wissenserwerb notwendigen Kommunikationsprozesse nicht hierarchisch „von oben nach unten" geprägt sein. *Nonaka* weist vielmehr dem mittleren Management die Schlüsselrolle bei der Wissensgenerierung innerhalb des Unternehmens zu.

Aus diesen Überlegungen könnte zunächst geschlossen werden, dass bei wissensbasierten Theorien des Organisationalen Lernens keine Einsatzmöglichkeit für Rund-E-Mails der Unternehmensleitung an die Mitarbeiter besteht. Tatsächlich dürfte die Notwendigkeit, konkretes Wissen der Unternehmensleitung an alle Mitarbeiter zu vermitteln, regelmäßig nicht vorliegen.

Allerdings muss ein weiterer Aspekt der wissensbasierten Theorien beachtet werden. Die Wissensweitergabe kann nur funktionieren, wenn die Organisationsmitglieder bereit sind, ihr Wissen weiter zu geben[35]. Zum einen bedeutet Wissen Macht innerhalb des Unternehmens. Wer über ungeteiltes Expertenwissen verfügt, kann eine Monopolstellung im Unternehmen erlangen und sich so unentbehrlich machen[36]. Die Bereitschaft zu Wissensweitergabe kann daher vor allem dann, wenn kein konkreter Anlass zu Wissensweitergabe vorliegt, eingeschränkt sein, da für den Mitarbeiter kein unmittelbarer Nutzen der Offenbarung seines Wissens ersichtlich ist oder der Mitarbeiter dadurch sogar eine Schwächung seiner Stellung innerhalb des Unternehmens befürchtet. Um eine derartige destruktive Einstellung der Mitarbeiter zu vermeiden, ist es notwendig, bei den Mitarbeitern die Motivation zu schaffen, Wissen zu erwerben, zu nutzen und freiwillig und umfassend an andere Mitarbeiter weiter zu geben. Im dritten Teil der Arbeit wird daher untersucht werden, ob Rund-E-Mails der Unternehmensleitung dazu beitragen können, die Motivation der Mitarbeiter zu erhöhen und so eine kooperative Wissensatmosphäre innerhalb des Unternehmens zu schaffen.

III. Zusammenfassung

Im ersten Teil der Arbeit wurden vier Theorien des Organisationalen Lernens näher vorgestellt. Es wurde gezeigt, dass sich die Theorien danach einteilen lassen, wie sie die Ingangsetzung von Lernprozessen erklären. Während ältere Theorien Lernen als Reaktionen auf unerwünschtes Umweltverhalten zurückführen, wird in jüngerer Zeit

---

[35] *Wilke (1995)*, S. 52.
[36] *Scholz (2003)*, S. 209.

Lernen als umweltunabhängiges Vergrößern der Wissensbasis verstanden. Obwohl sich die Theorien stark unterscheiden, können mit sämtlichen Theorien Lernerfolge eines Unternehmens erklärt werden. Damit konnte keine Theorie als unzutreffend ermittelt werden.

Tatsächlich widersprechen sich die Theorien auch nicht, sondern ergänzen sich. Es gibt viele Gründe, die in einer Organisation Lernprozesse auslösen können. Diese Lernprozesse laufen dann unterschiedlich ab, wobei trotz unterschiedlichem Verlauf ein Lernerfolg erreicht werden kann. Die verschiedenen Theorien zum Organisationalen Lernen beschreiben jeweils einen möglichen Weg zum Lernerfolg. Sie können jedoch jeweils keinen Anspruch erheben, den einzig richtigen oder möglichen Weg des Organisationalen Lernens zu beschreiben.

Das Ziel der vorliegenden Arbeit ist es, die Auswirkungen von einem bestimmten Kommunikationsmedium, den Rund-E-Mails der Unternehmensleitung, auf Lernprozesse zu untersuchen. Dazu war es erforderlich, zunächst zu ermitteln, welche Kommunikationsprozesse sich innerhalb eines Unternehmens nach der jeweiligen Theorie abspielen müssen. Da sich die Autoren regelmäßig nicht mit Fragen der konkreten Realisierung von Lernprozessen beschäftigen, musste das erforderliche Kommunikationsverhalten aus der Analyse der jeweiligen Theorie ermittelt werden.

Bei den Theorien, die Lernen als Reaktion auf Umwelteinflüsse sehen, geht die Lerninitiative von der Unternehmensleitung aus. Das Ziel der Rund-E-Mails muss daher sein, die Mitarbeiter über die Gründe und Ziele für den Lernprozess zu informieren. Es reicht nicht aus, den Mitarbeitern Handlungsanweisungen zu geben. Vielmehr ist es erforderlich, die Einstellungen der Mitarbeiter so zu verändern, dass sie die unerwünschten Umweltreaktionen in gleicher Weise wie die Unternehmensleitung bewerten. Dann werden die Mitarbeiter auch bereit sein, die von der Unternehmensleitung als erforderlich erachteten Maßnahmen zu ergreifen und im Tagesgeschäft umzusetzen.

Wissensbasierte Theorien sehen Lernprozesse dagegen weniger hierarchisch strukturiert. Daher ist die Rolle der Unternehmensleitung bei diesen Theorien weniger herausgehoben. Vielmehr wird bei *Nonaka* sogar ausdrücklich dem mittleren Management die Schlüsselstellung beim Organisationalen Lernen zugewiesen. Trotzdem können Rund-E-

Mails der Unternehmensleitung eine wichtige Rolle auch bei der Umsetzung von wissensbasierten Theorien übernehmen. Denn sie können geeignet sein, die Motivation zum Wissenserwerb und zur Wissensweitergabe zu erhöhen.

Im folgenden Teil der Studie werden unterschiedliche Formen der internen Unternehmenskommunikation beschrieben. Es wird gezeigt, welche Merkmale Rund-E-Mails der Unternehmensleitung aufweisen, die sie von anderen Medien unterscheiden. Im dritten Teil des Buches wird die empirische Umfrage ausgewertet, um fest zustellen, ob sich Anhaltspunkte finden lassen, dass Rund-E-Mails tatsächlich die soeben beschriebenen Funktionen erfüllen können.

C. Rund-E-Mails der Unternehmensleitung als besondere Form der internen Unternehmens-kommunikation

I. Definition der internen Unternehmenskommunikation

Der Bereich der Unternehmenskommunikation lässt sich in die externe und interne Unternehmenskommunikation aufgliedern. Die externe Unternehmenskommunikation wird an Adressaten gerichtet, die außerhalb des Unternehmens stehen. Dabei kann es sich beispielsweise um bestehende und potentielle Kunden, Eigen- und Fremdkapitalgeber oder Medienvertreter handeln. Zielgruppe der internen Unternehmenskommunikation sind dagegen die aktuellen und teilweise auch ehemaligen Mitarbeiter aller hierarchischen Stufen eines Unternehmens[37].

Interne Unternehmenskommunikation kann definiert werden als „ein Instrument der Unternehmenskommunikation, welches mittels klar definierter, regelmäßig oder nach Bedarf eingesetzter und kontrollierter Medien die Vermittlung von Informationen sowie die Führung des Dialoges zwischen der Unternehmensleitung und den Mitarbeitern und Mitarbeiterinnen sicherstellt.“[38]

Die interne Unternehmenskommunikation umfasst nach dieser Definition nicht sämtliche Kommunikationsprozesse innerhalb eines Unternehmens, sondern nur die Kommunikation zwischen der Unternehmensleitung und den Mitarbeitern. Dabei geht es nicht um individuelle Kommunikationsvorgänge, wie beispielsweise Gespräche mit einzelnen Mitarbeitern. Interne Kommunikationsprozesse finden vielmehr jeweils zwischen allen Mitarbeitern oder Gruppen von Mitarbeitern einerseits und der Unternehmensleitung andererseits statt. Ebenfalls nicht umfasst von der Definition sind Kommunikationsprozesse innerhalb von Teams, Abteilungen oder Arbeitsgruppen, die auf gleicher Hierarchieebene stattfinden.

---

[37] *Wieswede (1981)*, S. 226.
[38] So die Definition von *Meier (2000)*, S. 13.

II. Wesentliche interne Medien für die interne Unternehmenskommunikation

Die Umsetzung der internen Unternehmenskommunikation erfolgt durch den Einsatz interner Medien. Die wichtigsten internen Medien werden nachfolgend kurz vorgestellt.

1. Die Mitarbeiterversammlung

Die Mitarbeiterversammlung ist eine Veranstaltung, bei der die Unternehmensleitung die direkte und unmittelbare Kommunikation mit den Mitarbeitern einer Betriebsstätte führt. Es handelt sich hierbei um „Face-to-Face-Kommunikation"[39]. Anlass für Mitarbeiterversammlungen sind regelmäßig konkrete – häufig von den Mitarbeitern kritisch wahrgenommene – Themen. In Mitarbeiterversammlungen wird meistens eine Kombination aus unterschiedlichen Kommunikationsformen gewählt. Zum einen erläutert die Unternehmensleitung ihre Sicht des Themas. Im Anschluss daran ist eine Diskussion zwischen den Mitarbeitern und der Unternehmensleitung möglich[40].

Die Möglichkeit des direkten Dialogs unterscheidet die Mitarbeiterversammlung von den anderen hier vorgestellten Formen der internen Unternehmenskommunikation. Eine kritische Diskussion kann geeignet sein, die Mitarbeiter von den Ansichten der Unternehmensleitung zu überzeugen. Allerdings besteht auch die Gefahr, dass die Unternehmensleitung durch Beiträge der Mitarbeiter angegriffen wird und in eine defensive Rolle gedrängt wird. Daher ist es wichtig, dass die Unternehmensleitung im Vorfeld der Versammlung bereits die Einwände der Mitarbeiter antizipiert, um angemessene Antworten geben zu können.

Organisatorisch ist eine Mitarbeiterversammlung nur möglich, wenn es die Betriebsabläufe zulassen, dass sich alle Mitarbeiter versammeln und in dieser Zeit nicht an ihrem Arbeitsplatz erreichbar sind. Allerdings können die Mitarbeiter nicht zur Teilnahme verpflichtet werden, sodass auf der Mitarbeiterversammlung nicht alle Mitarbeiter anwesend sein werden. Dies ist ein großer Nachteil von Mitarbeiterversammlungen, da die Informationen der Versammlung den abwesenden

---

[39] *Wilkesmann (2000)*, S. 483.
[40] Zweifelnd, ob in Mitarbeiterversammlungen ein Dialog möglich ist jedoch *Schmid/Lycek (2006)*, S. 237.

Mitarbeitern nicht vollständig zugänglich sind[41]. Der Nachteil der nicht vollständigen Informationsmöglichkeit für alle Mitarbeiter verstärkt sich, wenn das Unternehmen mehrere Betriebstätten hat, da in diesem Fall mehrere Mitarbeiterversammlungen, die jeweils eine eigene Dynamik entwickeln können, notwendig sind.

2. Das schwarze Brett

Das schwarze Brett ist das wohl älteste Medium der internen Kommunikation[42]. Es bietet der Unternehmensleitung die Möglichkeit, die Mitarbeiter durch Aushänge zu informieren[43]. Jeder Mitarbeiter kann sich über die Aushänge informieren, sodass es jedem möglich ist, die gleichen Informationen zu erhalten.

Die Aushänge am schwarzen Brett beschränken sich häufig auf kurze aktuelle Mitteilungen und Bekanntmachungen. Komplexe Sachverhalte können am schwarzen Brett nicht dargelegt werden. Es kann daher nur zur aktuellen, lokal begrenzt wahrnehmbaren Informationsweitergabe verwendet werden.

3. Das Intranet

„Intranet" bezeichnet ein unternehmensinternes Netzwerk auf der Basis von Internetprotokollen. Der Einsatz des Intranets ist nur sinnvoll, wenn viele oder alle Mitarbeiter zumindest zeitweise Zugang zu einem vernetzten PC haben. Diese Voraussetzung dürfte vor allem bei Dienstleistungsunternehmen vorliegen.

Im Intranet können beliebig viele Informationen zu den unterschiedlichsten Themenbereichen gespeichert werden[44]. Dabei entstehen durch zusätzliche Daten- und Wissensmengen nur unwesentlich höhere Kosten. Neben Mitteilungen der Unternehmensleitungen finden sich in Intranets häufig umfangreiche Wissensdatenbanken von verschiedenen Abteilungen. Das Intranet stellt somit auf Grund

---

[41] In einigen größeren Unternehmen werden inzwischen Teile der Versammlung aufgezeichnet und als Film ins Intranet eingestellt. Diese Filme geben jedoch nur einen Ausschnitt der Versammlung wieder und können durch die selektive Auswahl der Ausschnitte kein objektives Bild vom Ablauf der Versammlung geben.

[42] So die Einschätzung von *Schmid/Lyczek (2006)*, S. 235.

[43] Nach *Wilkesmann (2000)*, S. 488, wird das schwarze Brett jedoch häufig nur vom Betriebsrat und der Personalabteilung genutzt.

[44] *Guertler (1997)*, S. 98.

seiner nahezu unbegrenzten Speicherkapazitäten auch einen wesentlichen Bestandteil des unternehmensinternen Wissensmanagements dar.

Der Vorteil des Intranets liegt darin, dass die Mitarbeiter in unterschiedlicher Intensität in einen Dialog einbezogen werden können. So ist es denkbar, dass über Mitteilungen der Unternehmensleitung ein Forum eingerichtet wird, in dem sich die Mitarbeiter untereinander und direkt mit der Unternehmensleitung austauschen können.

Bei einer zu großen Informationsmenge besteht allerdings die Gefahr, dass das Intranet unübersichtlich wird. Dies kann Mitarbeiter dazu veranlassen, das Intranet nicht optimal zu nutzen, entweder weil sie überhaupt nicht wissen, welche Inhalte verfügbar sind, oder weil es ihnen zu umständlich ist, die Inhalte zu finden. Auch Mitteilungen der Unternehmensleitung können so „untergehen", obwohl freilich jeder Mitarbeiter die Möglichkeit der Wahrnehmung hätte.

4. Die Mitarbeiterzeitschrift

Die Mitarbeiterzeitschrift gehört in der Literatur zu den meistbehandelten Themen der internen Unternehmenskommunikation[45]. Die Firmenzeitschrift dient der Verbreitung von umfassenderen Informationen über das Unternehmen und wird an alle Mitarbeiter verteilt. Da die Zeitschriften regelmäßig nur mit wenigen Ausgaben pro Jahr erscheinen, können die Themen nicht tagesaktuell sein.

Damit Mitarbeiterzeitungen auch wirklich gelesen werden, müssen sie attraktiv gestaltet sein. Gerade bei größeren Unternehmen wird daher häufig eine eigene Redaktionsabteilung gegründet, die in Abstimmung mit der Unternehmensleitung die Themen vorschlägt und journalistisch aufbereitet.

Die Unternehmensleitung kann Mitarbeiterzeitschriften nutzen, um direkt, beispielsweise im Editorial, mit den Mitarbeitern zu kommunizieren. Es handelt sich dabei um eine „Ein-Weg-Kommunikation", da eine direkte Antwort der Leser nicht möglich ist.

---

[45] *Wilkesmann (2000),* S. 487 mit weiteren Literaturhinweisen, monografisch etwa *Meier (2000).*

5. Rund-E-Mails der Unternehmensleitung

Ein vergleichsweise junges Medium der internen Unternehmenskommunikation sind Rund-E-Mails der Unternehmensleitung an die Mitarbeiter, die im nachfolgenden dritten Teil der Untersuchung besonders untersucht werden. Von Rund-E-Mails soll dann gesprochen werden, wenn sich die Unternehmensleitung aus eigener Initiative heraus an sämtliche Mitarbeiter eines Unternehmens oder eines Teilbereichs des Unternehmens wendet. Wie noch im Einzelnen analysiert werden wird, können die E-Mails dabei sehr unterschiedliche Nachrichten enthalten und somit unterschiedliche Ziele verfolgen.

Der Einsatz von Rund-E-Mails ist – ähnlich wie beim Intranet – nur sinnvoll, wenn die Mitarbeiter Zugang zu einem PC haben und ihre E-Mails häufig abrufen. Daher sind Rund-E-Mails besonders für Dienstleistungsunternehmen ein interessantes Kommunikationsmedium.

Denn Rund-E-Mails weisen verschiedene Merkmale auf, die sie von anderen internen Medien unterscheiden. So sind E-Mails zunächst besonders kostengünstig. Sie können leicht und ohne größeren Aufwand an eine beliebige Anzahl von Empfängern verschickt werden. Sämtliche Betriebsstätten im In- und Ausland können gleichzeitig erreicht werden, sodass eine Kommunikation mit dem gesamten Unternehmen möglich ist. Durch die geringen Kosten und die mögliche weltweite Verbreitung eignen sich Rund-E-Mails daher gleichermaßen für kleinere Unternehmen, denen die Produktion einer Mitarbeiterzeitschrift zu teuer ist, als auch für weltweite Großkonzerne, die über die Grenzen hinweg die Belegschaft ansprechen und erreichen wollen.

Da E-Mails innerhalb weniger Sekunden ihre Empfänger erreichen, kann durch Rund-E-Mails zeitnah auf aktuelle Entwicklungen reagiert und die Informationsversorgung der Mitarbeiter kurzfristig sichergestellt werden. Die E-Mails werden im Posteingangsfenster des PC angezeigt, wecken so die Aufmerksamkeit der Mitarbeiter und können mit „einem Klick" gelesen werden. Zur weiteren Erhöhung der Aufmerksamkeit ist es sogar möglich, die E-Mails zu personalisieren und jeden Mitarbeiter persönlich anzusprechen. Es besteht daher eine höhere Wahrscheinlichkeit als bei anderen internen Medien, dass die Mitarbeiter von den elektronischen Nachrichten der Unternehmensleitung Kenntnis nehmen. Durch die höhere Aufmerksamkeitswahrscheinlichkeit unterscheiden sich Rund-

E-Mails insbesondere von Beiträgen im Intranet, die zumeist erst nach dem „Anklicken" von mehreren Zwischen- und Ankündigungsseiten erreicht und gelesen werden können. E-Mails werden deshalb auch als ein „Push-Medium" bezeichnet, bei dem die Nutzer – im Gegensatz zu sog. „Pull-Medien" - nicht aktiv nach der Information suchen müssen, sondern diese unaufgefordert erhalten[46].

Ein weiterer Vorteil von E-Mails besteht darin, dass der Umfang der enthaltenen Informationen nicht durch die äußere Struktur des Mediums festgelegt ist. Während Mitarbeiterversammlungen nur bei größerem Informationsbedarf sinnvoll sind und Beiträge in Mitarbeiterzeitschriften nur bei einem relativ hohen Bedeutungsgehalt abgedruckt werden sollten, gibt es bei Rund-E-Mails keine derartigen Beschränkungen. Die Unternehmensleitung kann Rund-E-Mails sowohl für relativ kurze Informationen und Mitteilungen nutzen, als auch für längere Erläuterungen, die unter Umständen einen Anhang mit Grafiken und Schaubildern erfordern.

Schließlich ist es bei Rund-E-Mails möglich, aber nicht notwendig, Dialogmöglichkeiten für die Mitarbeiter einzubauen. Die Unternehmensleitung kann die Mitarbeiter zu Feedback und Kommentaren ermuntern, die leicht durch eine Antwortmail an die Unternehmensleitung gerichtet werden können.

III. Zusammenfassung

Die Betrachtung verschiedener interner Medien hat gezeigt, dass Rund-E-Mails gegenüber anderen Kommunikationsformen zahlreiche Vorteile aufweisen. Dies hat auch die unternehmerische Praxis erkannt, die Rund-E-Mails gerne eingesetzt. Bereits im Jahr 2000 hat eine Untersuchung in der Schweiz ergeben, dass in 80 % der befragten Unternehmen Rund-E-Mails an die Mitarbeiter verschickt werden[47]. Im Jahr 2007 bezeichneten 75 % der Dax-Unternehmen die Online-Kommunikation als zentrale Herausforderung der nächsten Jahre[48]. Der Anteil der Rund-E-Mails versendenden Unternehmen dürfte daher in Deutschland und auch in der Schweiz inzwischen sehr hoch sein[49].

---

[46] So die Terminologie von *Hoffmann/Lang (2008)*, S. 32.
[47] *Meier (2000)*, S. 71.
[48] *Mast (2007)*, S. 758.
[49] Die Umfrage, die der vorliegenden Arbeit zu Grunde liegt, richtete sich primär an Empfänger von Rund-E-Mails. Teilnehmer, die an der Umfrage teilgenommen haben, arbeiten also überwiegend in Unternehmen,

Rund-E-Mails verursachen zwar nur geringe Versandkosten, allerdings ist ihre Produktion mit weiteren Kosten verbunden. Die Unternehmensleitung oder die von ihr beauftragte Kommunikationsabteilung muss sich Zeit nehmen, die Rund-E-Mails zu verfassen. Auch wenn es möglich ist, dass die E-Mail den Charakter einer schnell geschriebenen Mitteilung hat, sollte der Formulierung einer E-Mail doch sorgfältige Aufmerksamkeit gewidmet werden. Denn aufgrund der großen Reichweite der Rund-E-Mail innerhalb eines Unternehmens kann der Text einer E-Mail große positive oder negative Folgen haben.

---

die Rund-E-Mails versenden. Ein Überblick über die Anzahl der Unternehmen, die keine Rund-E-Mails einsetzen, konnte und sollte aufgrund des Designs der Umfrage nicht gewonnen werden.

D. Empirische Untersuchung über die Reaktionen bei den Empfängern von Rund-E-Mails der Unternehmensleitung

I. Forschungsansatz der empirischen Untersuchung

Ausgangspunkt der Untersuchung war die Beobachtung, dass in vielen Unternehmen regelmäßig Rund-E-Mails versendet werden. Die Produktionskosten für diese Rund-E-Mails werden also offensichtlich gerne in Kauf genommen, da sich die Unternehmensleitung bestimmte Auswirkungen der E-Mails erhofft. Ob sich der Aufwand tatsächlich lohnt, sollte empirisch untersucht werden.

Dabei sind grundsätzlich mehrere Vorgehensweisen denkbar. Zum einen könnte untersucht werden, welche Ziele die Unternehmensleitung mit den Rund-E-Mails verfolgt, um anschließend die Erreichung dieser Ziele bei den Mitarbeitern zu überprüfen. Der Nachteil dieser Methode besteht darin, dass nur die von der Unternehmensleitung vermuteten Ziele überprüft würden. Es ist jedoch nicht ausgeschlossen, dass Rund-E-Mails auch positive oder negative Auswirkungen haben, die von der Unternehmensleitung gar nicht bedacht werden und die bei einem derartigen Versuchsaufbau nicht erkannt werden können. Nur wenn jedoch bekannt ist, wie Rund-E-Mails bei den Empfängern aufgenommen werden, ermöglicht dies einen besseren und gezielteren Einsatz der Rund-E-Mails. Dadurch können Kosten vermieden und die interne Unternehmenskommunikation optimiert werden.

Aus diesem Grund wurde ein anderer Ansatz gewählt. Es wurden ausschließlich Mitarbeiter befragt, wie sie mit den Rund-E-Mails umgehen und welche Reaktionen die E-Mails bei ihnen auslösen.

Wenn die Umfrage durch Interviews von Mitarbeitern durchgeführt worden wäre, wäre eine relativ ergebnisoffene Herangehensweise möglich gewesen. Die jeweiligen Auswirkungen der E-Mails hätten sich dann im Dialog mit den Befragten heraus kristallisiert. Ein derartiger Ansatz hätte jedoch den Nachteil, dass nur eine kleine Anzahl von Interviews durchführbar gewesen wäre und die Interviewergebnisse daher nicht repräsentativ gewesen wären.

Daher wurde die Umfrage mittels eines standardisierten Fragebogens durchgeführt. Dabei war es notwendig, mögliche Auswirkungen und Reaktionen zu antizipieren, um entsprechende Fragen in die Umfrage integrieren zu können. Letztendlich führt dies dazu, dass nicht die vermuteten Ziele der Unternehmensleitung abgefragt werden, sondern die vermuteten Ziele des Verfassers dieser Arbeit. Um eine diesbezügliche Subjektivität der abgefragten Ziele und Auswirkungen zu reduzieren, wurde eine Perspektive gewählt, aus der die Fragen gestellt und die Antworten analysiert werden: die Perspektive des Organisationalen Lernens.

Wie im bisherigen Verlauf des Buches bereits dargelegt worden ist, können Lernprozesse innerhalb von Organisationen nur durch Kommunikation entstehen. Da auch die Rund-E-Mails ein Bestandteil der internen Unternehmenskommunikation sind, ist anzunehmen, dass sie zum Erfolg oder Misserfolg von Lernprozessen beitragen können. Die in der Umfrage gestellten Fragen sollen eine Untersuchung ermöglich, ob und in welcher Weise das mögliche Ziel der Förderung von Lernprozessen im Unternehmen durch Rund-E-Mails erreicht wird. Ob die Rund-E-Mails von Unternehmensleitungen tatsächlich mit dem Ziel, Lernprozesse zu fördern, verschickt werden, bleibt unberücksichtigt. Unberücksichtigt bleiben auch andere Ziele, die durch die Rund-E-Mails bei den Mitarbeitern tatsächlich erreicht werden.

Die verschiedenen Theorien der Organisationalen Lernens gehen von unterschiedlichen Kommunikationsprozessen aus. Da es nicht möglich ist, eine überlegene Theorie des Organisationalen Lernens zu ermitteln, verdienen alle Theorien Aufmerksamkeit. Denn jede Theorie zeigt mögliche Lernprozesse und mögliche Abläufe innerhalb eines Unternehmens auf. Dieser Umstand führt dazu, dass in der vorliegenden Arbeit keine allumfassende Hypothese gebildet werden kann. Stattdessen soll untersucht werden, ob sich Rund-E-Mails eignen, für die von den jeweiligen Theorien geforderten Kommunikationsprozess eingesetzt zu werden. Damit dient die empirische Untersuchung nicht dazu, einzelne Theorien zu bestätigen oder zu widerlegen. Es wird vielmehr die Tauglichkeit eines Mediums zur Umsetzung der jeweiligen Theorien in die Praxis überprüft, um so praxisrelevante Handlungs- und Gestaltungsempfehlungen geben zu können.

II. Durchführung der empirischen Untersuchung

Die empirische Untersuchung sollte ein möglichst breites und repräsentatives Bild von den Reaktionen auf Rund-E-Mails vermitteln. Dies wäre nicht möglich gewesen, wenn nur die Mitarbeiter eines Unternehmens nach ihren Reaktionen auf die E-Mails der Unternehmensleitung befragt worden wären. Der Vorteil einer derartigen Befragung in nur einem Unternehmen hätte zwar darin bestanden, dass auch die Texte von konkreten Rund-E-Mails hätten ausgewertet werden können. Allerdings wäre unklar geblieben, ob die Ergebnisse verallgemeinerungsfähig und auch auf andere Unternehmen übertragbar sind. Es hätte sich daher nur um eine besondere Form einer Fallstudie gehandelt.

Ein repräsentatives Ergebnis konnte daher nur erzielt werden, wenn sich Mitarbeiter von vielen unterschiedlichen Unternehmen an der Umfrage beteiligen. Um trotzdem Reaktionen auf bestimmte Inhalte von Rund-E-Mails erfragen zu können, musste von konkreten E-Mails abstrahiert und nach unterschiedlichen Themenbereichen der E-Mails gefragt werden. Die Auswahl der Themenbereich erfolgte aufgrund von Diskussionen mit Mitarbeitern aus verschiedenen Unternehmen, die berichteten, zu welchen Themen Rund-E-Mails verschickt werden bzw. über welche Themen sie sich Rund-E-Mails wünschen. Auf diese Weise konnten folgende mögliche Inhalte von Rund-E-Mails identifiziert werden:

- Bekanntmachung von strategischen Zielen, finanziellen Planungen (z.B. Umsatzwachstum oder Marktanteilsziele)
- Leitgedanken der Unternehmensphilosophie
- Hinweise auf neue Entwicklungen, die für das Unternehmen interessant sind (z.B. neue Gesetze, neue wissenschaftliche Erkenntnisse, neue Produkte der Wettbewerber, etc.)
- Kondolenz für verstorbene Mitarbeiter
- Bekanntmachung von Veränderungen in der Unternehmensstruktur (Ankauf und Verkauf von Gesellschaften, Ausgliederungen, Fusionen, etc.)
- Jubiläen

- Bekanntmachung von Entscheidungen, die von den Mitarbeitern mit großer Wahrscheinlichkeit als negativ empfunden werden (z.B. Werksschließungen, Verlagerungen, etc.)
- Veränderungen auf Vorstands- oder Unternehmensleitungsebene
- Reaktionen auf negative Berichterstattung in den Medien
- Konkrete Verhaltensregeln an die Mitarbeiter
- Informationen über laufende Werbekampagnen des Unternehmens

Es ist davon auszugehen, dass die gewählte Auswahl der möglichen Themen nicht abschließend ist, sondern Rund-E-Mails auch zu anderen Themen versendet werden. Die Antworten der Teilnehmer lassen jedoch darauf schließen, dass die genannten Themen tatsächlich einen großen Bereich der Rund-E-Mails der Unternehmensleitungen abdecken.

Als Nachteil der gewählten Fragemethodik könnte aufgefasst werden, dass durch die allgemeinen Themenvorgaben nicht die individuellen Formulierungen der Rund-E-Mails berücksichtigt werden. Denn es ist denkbar, dass durch die Art und Weise der Textgestaltung die Reaktionen der Mitarbeiter ebenso beeinflusst werden können wie durch das jeweilige Thema. Dieser Einwand kann allerdings durch die Größe der Stichprobe entkräftet werden. Aufgrund der relativ hohen Anzahl der Befragten ist zu vermuten, dass sowohl optimal formulierte Rund-E-Mails als auch Rund-E-Mails mit kontraproduktiver Wortwahl oder Textgestaltung erfasst wurden, sodass im Ergebnis die Reaktionen auf durchschnittlich gut formulierte Rund-E-Mails erfasst wurden.

Die Umfrage wurde mittels eines Online-Fragebogens durchgeführt. Durch das Medium Internet und die Anonymität der Befragung wurde die Beantwortung leicht gemacht. Dazu wurde die Domain www.mail-vom-vorstand.de registriert. Die Seite enthielt neben dem Fragebogen auch einige ergänzende Informationen zum Forschungsprojekt sowie den Lebenslauf des Fragestellers, damit sich die Teilnehmer ein Bild davon machen konnten, wer die Umfrage zu welchem Zweck durchführt.

Eine besondere Herausforderung war es, die Umfrage so bekannt zu machen, dass viele potentielle Teilnehmer auf sie aufmerksam werden. Hierzu wurden unterschiedliche Maßnahmen ergriffen. Zum einen wurde auf das persönliche Netzwerk des Verfassers zurückgegriffen, indem an berufstätige Freunde und Bekannte der Link zur Umfrage mit der Bitte um Teilnahme und Weiterleitung an Kollegen und Freunde verschickt wurde. Daneben wurden Betriebsräte und Personalabteilungen von zahlreichen Unternehmen per E-Mail angeschrieben und so auf die Umfrage aufmerksam gemacht. Diese Art der Bekanntmachung, die auf Grund der breiten Streuung keine Rückschlüsse zulässt, in welchen Unternehmen die Teilnehmer tatsächlich arbeiten, kann als Erklärung dafür dienen, warum die Teilnehmer der Umfrage vergleichsweise jung und hochqualifiziert sind. Zu einem gewissen Grad kann dadurch die Repräsentativität der Umfrage beeinträchtigt worden sein, da beispielsweise vergleichsweise wenige ältere Beschäftigte ohne akademischen Abschluss an der Umfrage teilgenommen haben. Allerdings erwarten Unternehmen gerade von jungen, qualifizierten Mitarbeitern eine große Lernbereitschaft, sodass diese Mitarbeiter in besonderem Maße die Zielgruppe von Rund-E-Mails, die Lernprozesse im Unternehmen unterstützten sollen, sein dürften.

Die Umfrage war im Zeitraum vom 25. März 2008 bis zum 11. Mai 2008 online. Insgesamt haben in dieser Zeit 414 Personen die Eingansseite der Umfrage besucht[50]. Die Umfrage wurde dann von 312 Besuchern begonnen und von 208 Teilnehmern auch beendet. Somit wurden 208 Datensätze zur Mitarbeitersicht auf Rund-E-Mails der Unternehmensleitung generiert. Die Auswertung der Umfrage erfolgte mit der Software SPSS 14.0. Der Untersuchung der Daten auf Korrelationen erfolgte bei nominalen Daten mittels der Kennzahlen chi^2 bzw. lambda und bei ordinalen Daten mittels der Kennzahl kendalls tau.

Die durchschnittliche Beantwortungszeit betrug knapp 10 Minuten (9m 54 s) und der Median der Beantwortungszeit lag bei 8m 44s. Auffallend ist, dass die Tageszeit mit den meisten Besuchern der Zeitraum zwischen 14.00 Uhr und 15.00 Uhr war. Es ist daher davon auszugehen, dass viele Teilnehmer die Umfrage von ihrem Arbeitsplatz aus beantwortet haben.

---

[50] Die Eingangsseite von www.mail-vom-vorstand.de wurde von noch mehr Besuchern angeschaut. Offensichtlich waren nicht alle motiviert, dann auch die Umfrage zu besuchen.

III. Beschreibung der Teilnehmer an der Umfrage

In diesem Abschnitt wird die Struktur der Teilnehmer der Umfrage näher beschrieben. Dadurch soll ein Eindruck vermittelt werden, welche Eigenschaften die Teilnehmer aufweisen und in welchem Umfeld sie arbeiten.

Die Teilnehmer sind zu 62,5 % männlich und zu 37,5 % weiblich. Damit liegt der Anteil der männlichen Teilnehmer über dem Anteil der Männer an der Gesamterwerbstätigkeit[51]. Eine Begründung für dieses Ergebnis ist nicht ersichtlich.

Die Altersstruktur der Teilnehmer zeigt die folgende Abbildung:

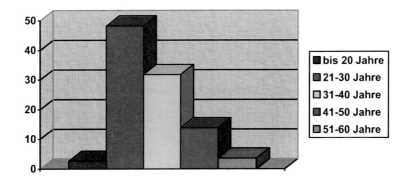

Abb. 5: Altersstruktur der Umfrageteilnehmer

Etwas mehr als die Hälfte der Teilnehmer ist jünger als 31 Jahre. Der Anteil der 31 bis 40 Jährigen liegt bei 31,8 %. Da die Teilnehmer vergleichsweise jung sind, können sie noch nicht sehr lange im jeweiligen Unternehmen gearbeitet haben. Tatsächlich sind 50,0 % der Teilnehmer kürzer als vier Jahre in dem Unternehmen beschäftigt, wobei 14,4 % der Teilnehmer weniger als 12 Monate tätig sind. Weitere 23,2 % der Teilnehmer arbeiten zwischen 4 und 8 Jahre in dem Unternehmen.

Der formale Bildungsstand lässt aus Abbildung 6 entnehmen:

---

[51] Gemäß Pressemitteilung 101 des Statistischen Bundesamtes vom 5. März 2004 lag der Anteil der Frauen an der Gesamterwerbstätigkeit im vierten Quartal 2003 bei 46,9 %. (http://www.destatis.de/jetspeed/portal/cms/Sites/destatis/Internet/DE/Presse/pm/2004/03/PD04__101__13 3.psml abgerufen am 15. Mai 2009).

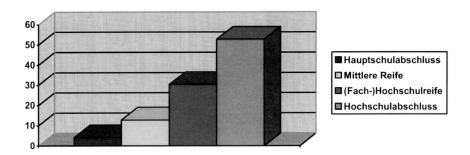

Abb. 6: Bildungsabschlüsse der Umfrageteilnehmer

52,8 % der Teilnehmer haben einen Hochschulabschluss. Daneben haben weitere 30,3 % der Teilnehmer das Abitur oder die Fachhochschulreife als höchsten formalen Bildungsabschluss angegeben. Es zeigt sich somit, dass die Teilnehmer der Umfrage überdurchschnittlich jung und sehr hoch qualifiziert sind. Dieses Ergebnis kann durch die Art und Weise, wie die Umfrage bekannt gemacht wurde, erklärt werden.

Abbildung 7 zeigt die Größen der Unternehmen, in denen die Teilnehmer arbeiten.

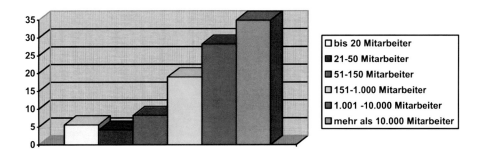

Abb. 7: Größe der Unternehmen, in denen die Umfrageteilnehmer beschäftigt sind

Nur 17,9 % der Teilnehmer arbeiten in kleineren Unternehmen mit weniger als 150 Mitarbeitern. Der überwiegende Teil (63,1 %) arbeitet in Großunternehmen, die mehr als 1.000 Mitarbeiter beschäftigen. Dabei handelt es sich wohl in den meisten Fällen um internationale Konzerne, da 69,6 % der Teilnehmer angeben, dass ihr Unternehmen auch Standorte im Ausland unterhält. Entsprechend arbeiten auch 67,2 % der Teilnehmer in Unternehmen mit mehr als 5 Betriebsstätten. Nur 11,3 % der Teilnehmer sind bei Unternehmen mit einer Betriebsstätte beschäftigt.

Dieses Ergebnis zur Unternehmensstruktur erscheint plausibel. In kleineren Unternehmen, insbesondere solchen mit nur einer Betriebsstätte, dürfte die direkte Kommunikation zwischen der Unternehmensleitung und den Mitarbeitern eine wesentliche Rolle spielen. Die Nutzung von elektronischen Kommunikationsmedien ist nicht erforderlich. Daher war für vergleichsweise wenige Teilnehmer aus kleineren Unternehmen eine Umfrage zum Thema Rund-E-Mails der Unternehmensleitung interessant, sodass nur eine geringe Umfragebeteiligung von Mitarbeitern in kleineren Unternehmen erzielt wurde. Dagegen bieten Rund-E-Mails gerade für internationale Konzerne wesentliche Vorteile, da durch E-Mails alle Mitarbeiter weltweit Nachrichten der Unternehmensleitung erhalten können. Die Mitarbeiter dieser großen Unternehmen kennen Rund-E-Mails daher gut aus ihrem Berufsalltag und sind bereit, ihre Erfahrungen mitzuteilen.

Schließlich wurde gefragt, ob und gegenüber wie vielen Kollegen die Teilnehmer weisungsbefugt sind. Immerhin 40,5 % der Teilnehmer geben an, weisungsbefugt zu sein. Von diesen 40,5 % der Teilnehmer sind 60,3 % über maximal 5 Personen weisungsbefugt. 30,8 % der weisungsbefugten Teilnehmer sind Vorgesetze von 5 bis 20 Mitarbeitern. Nur 9 % der weisungsbefugten Teilnehmer haben Verantwortung über mehr als 20 Mitarbeiter. An der Umfrage haben somit nur in geringem Umfang Mitarbeiter aus gehobenen Hierarchieebenen teilgenommen. Wer von den Umfrageteilnehmern dagegen weisungsbefugt gegenüber einer geringen Mitarbeiteranzahl ist, dürfte als Team- oder Gruppenleiter bereits in relativ jugendlichem Alter erste Karriereerfolge aufweisen.

Die Auswertung der Struktur der Teilnehmer der Umfrage ergibt somit, dass die angestrebte Zielgruppe der Umfrage erreicht wurde. Es sollen die Reaktionen der Mitarbeiter auf Rund-E-Mails der Unternehmensleitung untersucht werden. Der geringe Anteil der Teilnehmer, die über viele Mitarbeiter weisungsbefugt sind, zeigt, dass sich ganz überwiegend die angestrebten Mitarbeiter und nicht etwa Angehörige der Unternehmensleitungen selbst an der Umfrage beteiligt haben. Die teilnehmenden Mitarbeiter sind – wie sowohl das hohe formale Bildungsniveau als auch der hohe Anteil von geringer Weisungsbefugnis erkennen lassen – die gegenwärtigen und zukünftigen Leistungsträger des Unternehmens. Aus diesem Grund ist es für Unternehmen sehr wichtig, dass die Rund-E-Mails der Unternehmensleitung bei diesen Mitarbeitern eine möglichst positive Wirkung haben, um einerseits die gegenwärtige Leistungsstärke des

Unternehmens beizubehalten oder zu erhöhen und andererseits die Zukunftsfähigkeit des Unternehmens zu sichern.

IV. Tatsächliche und von den Teilnehmern erwünschte Nutzung des Mediums Rund-E-Mails durch die Unternehmensleitung

Die Relevanz des Untersuchungsobjektes Rund-E-Mails von der Unternehmensleitung zeigt sich in der Häufigkeit, mit der in den Unternehmen der Umfrage-Teilnehmer derartige Rund-E-Mails versendet werden. Es wurde gefragt, wie viele Rund-E-Mails die Teilnehmer in den letzten zwölf Monaten schätzungsweise erhalten haben.

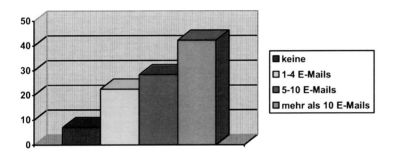

Abb. 8: Anzahl der Rund-E-Mails innerhalb der letzten zwölf Monate

Lediglich 7,0 % der Teilnehmer geben an, innerhalb eines Jahres überhaupt keine Rund-E-Mail erhalten zu haben. Dieser geringe Anteil könnte damit erklärt werden, dass Teilnehmer, die keine Rund-E-Mails erhalten, auch keine Motivation zu Teilnahme an der Umfrage verspürt haben. Wenn allerdings berücksichtigt wird, dass bereits im Jahr 2000 ca. 80 % der befragten Schweizer Unternehmen E-Mails in der Unternehmenskommunikation einsetzen[52], so ist zu vermuten, dass inzwischen in noch viel mehr Unternehmen Rund-E-Mails versandt werden.

Dagegen finden 42,2 % der Teilnehmer häufiger als zehnmal Nachrichten der Unternehmensleitung in ihrem Posteingangsfach. Die hohe Anzahl der versendeten Rund-E-Mails lässt darauf schließen, dass dieses Medium zur Übermittlung von unterschiedlichsten Nachrichten verwendet wird. Welche Inhalte die Rund-E-Mails haben

---

[52] *Meier (2000)*, S. 71.

und wie dieser Inhalte bewertet werden, wird in einem späteren Abschnitt der Arbeit aufgeschlüsselt werden.

Die Tatsache, dass Rund-E-Mails häufig von der Unternehmensleitung eingesetzt werden, bedeutet nicht, dass die Mitarbeiter dies zwangsläufig positiv bewerten. Ob sich die Mitarbeiter Rund-E-Mails wünschen, wurde durch die Frage nach der Zufriedenheit mit der erhaltenen Anzahl der Rund-E-Mails ermittelt.

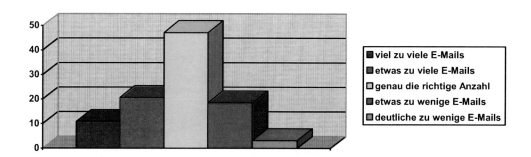

Abb. 9: Bewertung der Anzahl der erhaltenen Rund-E-Mails

Die vorstehende Abbildung gibt die Antworten sämtlicher Teilnehmer wieder. Es zeigt sich, dass 47,1 % der Teilnehmer mit der Anzahl der erhaltenen Rund-E-Mails zufrieden sind. 21,5 % der Teilnehmer wünschen sich mehr Informationen von der Unternehmensleitung, während 31,4 % der Teilnehmer die Anzahl der erhaltenen Rund-E-Mails für zu hoch einschätzen.

Es stellt sich die Frage, von welchen Faktoren die Zufriedenheit der Mitarbeiter mit der Anzahl der erhaltenen Rund-E-Mails abhängen kann. Dazu wurde untersucht, ob die Größe des Unternehmens nach Mitarbeiterzahl oder die Zahl der Betriebsstätten einen Einfluss auf die Zufriedenheit der Mitarbeiter mit der Anzahl der erhaltenen Rund-E-Mails haben können. Hier zeigen sich jedoch keine signifikanten Zusammenhänge. Auch gibt es keine signifikanten Unterschiede bei der Zufriedenheit der weisungsbefugten Mitarbeiter und der Zufriedenheit der nicht weisungsbefugten Mitarbeiter mit der Anzahl der erhaltenen Rund-E-Mails.

Offensichtliche Zusammenhänge gibt es dagegen zwischen der Anzahl der erhaltenen Rund-Mails und der Zufriedenheit der Mitarbeiter. Dies lässt vermuten, dass es unabhängig von der Unternehmensgröße und Unternehmensstruktur eine von der Mehrheit der Mitarbeiter (weisungsbefugt oder nicht weisungsbefugt) als optimal empfunden Anzahl von Rund-E-Mails der Unternehmensleitung gibt. Die Ergebnisse einer Analyse der Zufriedenheit der Mitarbeiter in Abhängigkeit von der erhaltenen Anzahl der Rund-E-Mails lassen sich wie folgt zusammenfassen:

- Teilnehmer, die eine bis vier Rund-E-Mails erhalten haben, bewerten die Anzahl zu 20 % als zu hoch und zu 34,5 % als zu wenig. 45,5 % dieser Teilnehmer sind mit der erhaltenen Anzahl zufrieden.

- Teilnehmer, die fünf bis zehn Rund-E-Mails erhalten haben, bewerten die Anzahl zu 19,1 % als zu hoch und zu 16,2 % als zu wenig. 64,7 % dieser Teilnehmer sind mit der erhaltenen Anzahl zufrieden.

- Teilnehmer, die mehr als zehn Rund-E-Mails erhalten haben, bewerten die Anzahl zu 46,0 % als zu hoch und zu 18,0 % als zu wenig. 36,0 % dieser Teilnehmer sind mit der erhaltenen Anzahl zufrieden.

Die Mitarbeiter sind also an regelmäßigen Informationen von der Unternehmensleitung interessiert. Denn mehr als ein Drittel der Teilnehmer, die weniger als 5 Rund-E-Mails innerhalb des letzten Jahres erhalten haben, würden mehr Nachrichten begrüßen. Dagegen ist die weit überwiegende Mehrheit der Teilnehmer, die zwischen 5 und 10 Rund-E-Mails erhalten haben, mit der Anzahl zufrieden. Diese Mitarbeiter fühlen sich offensichtlich durch Rund-E-Mails gut und in ausreichendem Maße informiert.

Dass sich die Unternehmensleitung auch zu häufig per Rund-E-Mails zu Wort melden kann, zeigen die Reaktionen der Teilnehmer, die mehr als 10 Rund-E-Mails erhalten haben, deutlich. In dieser Gruppe bewertet fast die Hälfte der Teilnehmer die Anzahl der Rund-E-Mails als zu hoch. Wenn berücksichtigt wird, dass 42,2 % der Teilnehmer tatsächlich auch mehr als 10 Rund-E-Mails erhalten haben, bedeutet dies, dass sehr viele Mitarbeiter die Anzahl der erhaltenen Rund-E-Mails als zu hoch empfinden. Offensichtlich überschätzen Unternehmensleitungen den Informationsbedarf ihrer Mitarbeiter durch Rund-E-Mails.

Die Analyse der Zufriedenheit der Mitarbeiter mit den erhaltenen Rund-E-Mails zeigt also, dass dieses Medium durch die Unternehmensleitung sorgfältig und geplant eingesetzt werden sollte. Der optimale Einsatz hängt dabei nicht von der Unternehmensgröße oder der Unternehmensstruktur ab. Vielmehr kommt es bei allen Unternehmen auf die Anzahl der verschickten Rund-E-Mails an. Eine allzu hohe Anzahl von Rund-E-Mails scheint von den Mitarbeitern als ermüdend empfunden zu werden. Es besteht dann die Gefahr, dass die möglichen positiven Auswirkungen der Rund-E-Mails nicht vollständig erzielt werden, weil die E-Mails unabhängig vom konkreten Inhalt bei den Mitarbeitern bereits auf Grund ihrer Häufigkeit negative Empfindungen hervorrufen. Dagegen können durch gelegentliche Rund-E-Mails signifikant positive Effekte erzielt werden, da insoweit die Erwartungen der Mitarbeiter an die Unternehmensleitung erfüllt werden. Die optimale Anzahl der Rund-E-Mails liegt daher auf der Basis der durchgeführten Umfrage zwischen fünf und zehn E-Mails pro Jahr.

V. Lernanforderungen am Arbeitsplatz und Förderung des Lernens durch die Unternehmen

Rund-E-Mails der Unternehmensleitung können nur dann Lernprozesse innerhalb des Unternehmens unterstützen, wenn derartige Prozesse überhaupt stattfinden. Um dies herauszufinden, wurden die Teilnehmer der Umfrage nach den Lernanforderungen an ihrem Arbeitsplatz, der Unterstützung ihres Arbeitgebers bei Lernaufgaben sowie ihren Empfindungen gegenüber den Lernanforderungen befragt.

Auf eine Definition, was unter Lernanforderungen zu verstehen ist, wurde verzichtet. Die Analyse der Theorien des Organisationalen Lernens hat gezeigt, dass im Bereich des Organisationalen Lernens die Lerninhalte sehr unterschiedlich sein können. Letztendlich können sämtliche veränderten Handlungsweisen eines Unternehmens als Ergebnis eines Lernprozesses aufgefasst werden. Die Theorien des Organisationalen Lernens gehen somit von einem sehr weiten Lernbegriff aus. Daher wurde vermutet, dass die individuellen Interpretationen der abgefragten „Lernanforderungen" durch die Teilnehmer der Umfrage sehr wahrscheinlich nicht weiter sind, als der Lerninhalte der beschriebenen Theorien.

Die Antworten der Umfrageteilnehmer ergeben, dass sie an ihrem Arbeitsplatz zahlreiche Lernprozesse vollziehen müssen. 28,3 % der Teilnehmer geben an, dass sehr hohe Lernanforderungen an sie gestellt werden und 46,6 % der Teilnehmer sehen sich mit hohen Lernanforderungen konfrontiert. Nur 21,6 % bzw. 3,5 % berichten von geringen bzw. sehr geringen Lernanforderungen an ihrem Arbeitsplatz. Die These, dass in einer globalen Wirtschaft Unternehmen sich dauernd wandeln und verändern müssen, wird durch dieses Ergebnis bestätigt. Fast 75 % der Teilnehmer arbeiten also in einem lernenden Arbeitsumfeld.

Das Lernen wird von den Teilnehmern jedoch nicht als negativ empfunden. Nur 17,0 % der Teilnehmer empfinden die Lernanforderungen negativ. 34,1 % der Teilnehmer stehen den Lernanforderungen neutral gegenüber und fast 50 % (exakt 48,9 %) der Teilnehmer sehen Lernen als positive Herausforderung.

Die positive Grundhaltung gegenüber Lernanforderungen kann sicherlich mit der Teilnehmerstruktur erklärt werden. Denn bei vergleichsweise jungen „High-Potentials" ist davon auszugehen, dass sie bereit sind, Veränderungen innerhalb des Unternehmens zu unterstützen, um ihre eigene Karriere zu fördern.

Allerdings sind auch andere Ursachen für die positive Grundeinstellung gegenüber den Lernanforderungen denkbar. So kann es eine Rolle spielen, wie das Unternehmen im Allgemeinen die Lernprozesse unterstützt. Insgesamt 61,8 % der Teilnehmer geben an, von ihrem Arbeitgeber sehr große (13,5 % der Teilnehmer) oder große (48,3 % der Teilnehmer) Unterstützung zu erfahren. Eher geringe Unterstützung erhalten 35,6 % der Teilnehmer und lediglich 2,6 % der Teilnehmer sehen keine Unterstützung durch ihr Unternehmen.

Durch dieses Ergebnis zeichnen die Umfrageteilnehmer ein sehr positives Bild ihrer Unternehmen. Dieser Eindruck verstärkt sich durch die Tatsache, dass zwischen den Lernanforderungen und der Unterstützung durch das Unternehmen ein leicht positiver statistischer Zusammenhang besteht. Teilnehmer, die an Arbeitsplätzen mit (sehr) hohen Lernanforderungen arbeiten, werden nach ihrer Einschätzung etwas stärker von ihrem Unternehmen unterstützt. Einige Unternehmen fördern also besonders gut diejenigen Mitarbeiter, die in besonderem Maße lernen müssen.

Eine Analyse der Empfindungen der Lernanforderung mit der Unterstützung durch den Arbeitgeber zeigt ebenfalls einen leicht positiven statistischen Zusammenhang. Es ist nicht allzu überraschend, dass Mitarbeiter, die wissen, dass sie mit den Lernanforderungen „nicht alleine gelassen" werden, die Lernprozesse weniger negativ sehen als Mitarbeiter, die weniger Unterstützung erfahren. Somit können Unternehmen durch allgemeine Förderung von Lernprozessen zu mehr Zufriedenheit bei den Mitarbeitern und damit zu einer höheren Erfolgswahrscheinlichkeit des Lernerfolgs beitragen.

Fraglich ist, ob Rund-E-Mails der Unternehmensleitung zur Förderung von Lernprozessen unabhängig von ihrem Inhalt beitragen können. Hierfür wurden keine Anhaltspunkte gefunden. Es besteht kein statistisch signifikanter Zusammenhang zwischen der Zufriedenheit der Umfrage-Teilnehmer mit der Häufigkeit der Rund-E-Mails und den Gefühlen gegenüber Lernprozessen. Teilnehmer, die mit der Anzahl der erhaltenen Rund-E-Mails zufrieden sind, bewerten die Lernanforderungen also nicht positiver oder negativer als Teilnehmer, die nicht mit der Anzahl der Rund-E-Mails zufrieden sind und die Anzahl für zu hoch oder zu niedrig halten.

Die derzeit üblichen Rund-E-Mails der Unternehmensleitung sind nach diesem Ergebnis also neutral für die Empfindungen der Lernanforderungen. Sie werden von den Teilnehmern wohl nicht bewusst als möglicher unterstützender Faktor der Lernprozesse wahrgenommen. Dies kann zweierlei bedeuten. Einerseits wäre denkbar, dass Rund-E-Mails der Unternehmensleitung keinen Einfluss auf Lernprozesse haben. Dies widerspricht jedoch der Erkenntnis, dass Kommunikation innerhalb des Unternehmens wesentlich für Lernprozesse ist. Jede Form der Kommunikation ist daher grundsätzlich geeignet, Lernprozesse zu fördern oder zu behindern. Gründe, warum dies nicht auch für Rund-E-Mails der Unternehmensleitung gelten sollte, sind nicht ersichtlich.

Daher kann andererseits vermutet werden, dass der in der Umfrage nicht nachweisbare Einfluss von Rund-E-Mails auf die Bewertung von Lernanforderungen daraus resultiert, dass die Rund-E-Mails nicht optimal eingesetzt werden. Bereits bei der Untersuchung der Anzahl der versendeten E-Mails hat sich gezeigt, dass es signifikante Unterschiede zwischen der tatsächlichen Anzahl und der von den Mitarbeitern gewünschten Anzahl gibt. Es wurden Anzeichen gefunden, dass Unternehmen aus Sicht der Mitarbeiter tendenziell zu viele Rund-E-Mails versenden. Daher ist es nicht ausgeschlossen, dass nicht nur die Anzahl der verschickten E-Mails, sondern auch der Inhalt der Rund-E-

Mails, auf den bislang noch gar nicht eingegangen wurde, nicht optimal gestaltet ist. Aus diesem Grund sollen im nächsten Abschnitt die Rund-E-Mails inhaltlich aufgegliedert und das Rezeptionsverhalten der Teilnehmer auf die jeweiligen Inhalte untersucht werden.

VI. Inhalte der Rund-E-Mails und Reaktion der Umfrageteilnehmer

Soeben wurde dargelegt, dass nach den Ergebnissen der Umfrage die Zufriedenheit der Mitarbeiter mit der Anzahl der erhaltenen Rund-E-Mails nicht mit der Bewertung der Lernanforderungen im Unternehmen korreliert. Allerdings ist es möglich, dass Rund-E-Mails mit bestimmten Inhalten mehr positive Auswirkungen auslösen als Rund-E-Mails mit anderen Inhalten. Daher sollen nachfolgend die Reaktionen der Umfrage-Teilnehmer auf bestimmte Inhalte von Rund-E-Mails analysiert werden. Wie bereits erläutert, wurden dazu verschiedene mögliche Themen von Rund-E-Mails aufgeführt, zu denen sich die Teilnehmer der Umfrage äußern konnten.

1. Tatsächliche Inhalte und erwünschte Inhalte von Rund-E-Mails der Unternehmensleitung

Die nachfolgende Abbildung zeigt, zu welchen Themengebieten die Umfrage-Teilnehmer innerhalb der letzten 12 Monaten Rund-E-Mails der Unternehmensleitung erhalten haben und welche Inhalte sich die Teilnehmer wünschen. Es wurde nicht erfragt, wie häufig Rund-E-Mails zu den einzelnen Themengebieten verschickt worden sind. Die Zahlen geben dabei die absolute Häufigkeit der Nennung des jeweiligen Themengebietes an.

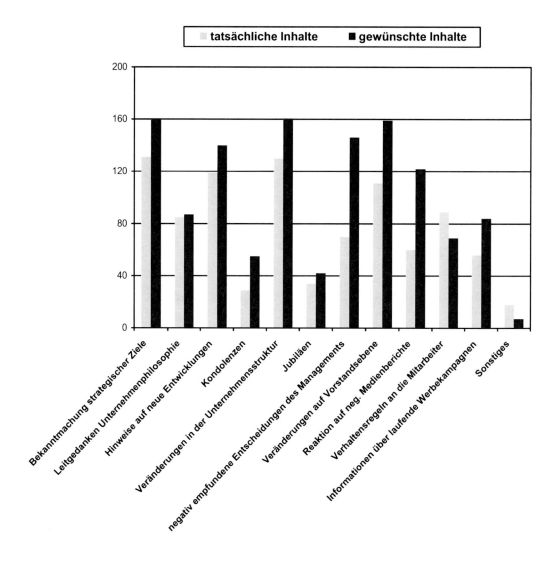

Abb.10: Tatsächliche Inhalte und erwünschte Inhalte von Rund-E-Mails der Unternehmensleitung

a) Analyse der tatsächlichen Themengebiete

Zu den am häufigsten genannten Themengebieten gehören Veränderungen in der Unternehmensstruktur (zweihäufigste Nennung mit 130) und Veränderungen auf Vorstands- bzw. Unternehmensleitungsebene (vierhäufigste Nennung mit 111). Hierbei handelt es sich um Informationen über unternehmensinterne Vorgänge, die nach Ansicht der Unternehmensleitung für sämtliche Mitarbeiter relevant sind. Für die Bekanntmachung von derartigen Veränderungen, über die häufig kurzfristig entschieden wird, eignen sich Rund-E-Mails besonders gut, da sie eine zeitnahe Information der Mitarbeiter ermöglichen.

Das häufigste Themengebiet der Rund-E-Mails sind jedoch Bekanntmachungen von strategischen Zielen (131 Nennungen). Diese Rund-E-Mails informieren die Vorgaben der Unternehmensleitung zur erwünschten zukünftigen Entwicklung des Unternehmens. Inhaltlich verbunden mit Rund-E-Mails über die strategischen Unternehmensziele sind Rund-E-Mails, die Leitgedanken der Unternehmensphilosophie enthalten. Dieses Themengebiet, das sich auf einer höheren Abstraktionsebene mit Unternehmenszielen beschäftigt, wird jedoch deutlich seltener behandelt (85 Nennungen). Sowohl E-Mails über die strategischen Unternehmensziele als auch E-Mails zur Unternehmensphilosophie können das Ergebnis von Lernprozessen der Unternehmensleitung sein, wenn die Unternehmensleitung die strategischen Ziele oder die Unternehmensphilosophie auf Grund von Umweltveränderungen angepasst oder modifiziert hat.

Mit Umweltveränderungen befassen sich die Rund-E-Mails, die am dritt häufigsten verschickt werden (119 Nennungen), und die Hinweise auf neue Entwicklungen, die für das Unternehmen interessant sein können, geben. Durch diese E-Mails will die Unternehmensleitung die Aufmerksamkeit der Mitarbeiter auf neue Sachverhalte lenken, die zukünftig für das Unternehmen relevant sein können.

An fünfter Stelle mit 89 Nennungen stehen Rund-E-Mails mit konkreten Verhaltensregeln für die Mitarbeiter. Durch diese E-Mails sollen auf direkte Art und Weise Veränderungen und damit Lernergebnisse erzielt werden. Dabei kann es sich einerseits um die Wiederholung von bereits bekannten, aber nicht optimal befolgten Verhaltensregeln handeln oder aber auch um neue Verhaltensregeln. Da sich die Rund-E-Mail an sehr viele bzw. alle Mitarbeiter richten, ist davon auszugehen, dass die Verhaltensregeln einerseits von der Unternehmensleitung als grundlegend für das Funktionieren des gesamten Unternehmens angesehen werden, und dass es sich aber andererseits nicht um sehr komplexe Verhaltensregeln handeln wird, da derartige Regeln nur schwierig durch E-Mails zu vermitteln sind und regelmäßig auch nicht für die Gesamtheit der Mitarbeiter relevant sein dürften.

In der Umfrage wurde auch eine Reihe von Themengebieten abgefragt, die als „softe" Themenbereiche gelten können. Hierunter zählen Jubiläen, Kondolenzen oder Informationen über laufende Werbekampagnen des Unternehmens. Es zeigt sich, dass diese Themenbereiche in einigen, aber wohl nicht allen Unternehmen angesprochen werden.

Zwei weitere Themenbereich werden ebenfalls nicht sehr häufig in Rund-E-Mails behandelt: Bekanntmachungen von Entscheidungen des Managements, die von den Mitarbeitern mit großer Wahrscheinlichkeit als negativ empfunden werden, waren bei 70 Umfrage-Teilnehmern Gegenstand von mindestens einer Rund-E-Mail. Stellungnahmen zu negativen Medienberichten wurden sechzigmal von den Teilnehmern genannt. Offensichtlich erscheinen Rund-E-Mails nicht allen Unternehmensleitungen als geeignetes Medium, um über negativ bewertbare Entscheidungen zu berichten. Die interessante Folgefrage, ob und auf welche Art und Weise Mitarbeiter stattdessen über derartige Entscheidungen informiert werden, ist nicht Gegenstand der vorliegenden Arbeit.

Bei der Einschätzung der Informationsfreude über negative Medienberichte muss berücksichtigt werden, dass vermutlich nicht alle Unternehmen Gegenstand einer derartigen Berichterstattung innerhalb der letzten 12 Monate vor der Durchführung der Umfrage gewesen sind. Daher war diese Frage auch nur für einen Teil der Umfrageteilnehmer von Bedeutung. Unter dieser Annahme relativiert sich die geringe Anzahl der Nennungen. Es ist vielmehr davon auszugehen, dass vergleichsweise viele Unternehmen tatsächlich mindestens einmal auf eine konkrete negative Berichterstattung reagiert haben.

b) Analyse der erwünschten Themengebiete

Die Analyse der von den Umfrageteilnehmern erwünschten Themengebiete von Rund-E-Mails kann Hinweise darauf geben, ob die Themenauswahl der Rund-E-Mails die Erwartungen der Mitarbeiter an die Unternehmensleitung erfüllt. Es zeigt sich, dass es bei einzelnen Themengebieten signifikante Abweichungen zwischen der tatsächlichen Häufigkeit und der erwünschten Häufigkeit von bestimmten Themengebieten gibt.

Zunächst ist festzustellen, dass die Umfrageteilnehmer gerne über sämtliche Themengebiete – bis auf eine Ausnahme – durch Rund-E-Mails häufiger informiert würden. Diese Ausnahme bilden die Rund-E-Mails mit konkreten Verhaltensanweisungen an die Mitarbeiter. Während 89 Teilnehmer der Umfrage Rund-E-Mails mit Verhaltensanweisungen erhalten haben, wünschen sich nur 69 Teilnehmer derartige Rund-E-Mails. Dieses Ergebnis deutet darauf hin, dass die Teilnehmer Rund-E-Mails mit Verhaltensanweisungen tendenziell als unerwünscht und negativ empfinden. Ob sich dieses Themengebiet daher für Rund-E-Mails eignet, erscheint zweifelhaft.

Große Differenzen zwischen tatsächlichen und erwünschten Rund-E-Mails bestehen bei den Themengebieten „negativ bewertbare Entscheidungen" und „Reaktionen auf negative Medienberichterstattung". Bei beiden Themenbereichen liegt die Wunsch-Wirklichkeitsquote unter 50 %. Dies bedeutet, dass die Anzahl der Wunsch-Nennungen jeweils mehr als doppelt so hoch ist als die Anzahl der Tatsächlich-Nennungen (146 zu 70 Nennungen bei negativ bewertbaren Entscheidungen und 122 zu 60 Nennungen bei negativen Medienberichten).

Umfrageteilnehmer aus vielen Unternehmen fühlen sich scheinbar nicht ausreichend über negativ bewertbare Entscheidungen der Unternehmensleitung durch Rund-E-Mails informiert. Häufig ist zu lesen, dass Mitarbeiter sich nach negativ bewertbaren Entscheidungen der Unternehmensleitung beschweren, sie hätten davon „aus der Zeitung erfahren". Die Ergebnisse der Umfrage lassen vermuten, dass dieser Vorwurf an die Unternehmensleitungen nicht vollkommen unbegründet ist.

Ein Grund für die Differenz beim Themengebiet negative Medienberichterstattung kann – wie bereits ausgeführt – darin liegen, dass nicht alle Unternehmen mit negativen Berichten konfrontiert waren und daher keine diesbezüglichen E-Mails versenden mussten. Es ist jedoch offensichtlich, dass die Umfrage-Teilnehmer eine Reaktion der Unternehmensleitung bei derartigen Rund-E-Mails erwarten. Denn negative Berichte können auch als Angriff auf die eigene Person oder Tätigkeiten der Mitarbeiter aufgefasst werden. Daher ist es verständlich, dass die Mitarbeiter von Unternehmensleitungen Klarstellungen oder Rechtfertigungen erwarten.

Eine weitere hohe Differenz zwischen tatsächlichen und erwünschten Rund-E-Mails zeigt sich beim Themenbereich Kondolenzen. Dieser Themenbereich erhielt 29 Nennungen bei den tatsächlichen Inhalten und 55 Nennungen bei den gewünschten Inhalten. Das Interesse der Teilnehmer der Umfrage an diesem traurigen Themenbereich scheint zwar im Vergleich zu den anderen Themenbereichen nicht allzu groß zu sein, es ist jedoch größer als das Interesse an Jubiläen (42 Nennungen) und erheblich größer als von den Unternehmensleitungen wohl vermutet.

Die geringste Differenz gibt es bei den Rund-E-Mails über die Leitgedanken der Unternehmensphilosophie. Für dieses Themengebiet besteht gemäß den Nennungen als Wunschthema ein mittleres Interesse bei den Umfrageteilnehmern, das in ausreichendem Maße von den Unternehmensleitungen befriedigt zu werden scheint.

Der Vergleich zwischen den tatsächlichen Inhalten der Rund-E-Mails von der Unternehmensleitung und den von den Umfrage-Teilnehmern gewünschten Inhalten zeigt bei vielen Themenbereichen eine gewisse Übereinstimmung zwischen Erwartungen und Realität. Größere Abweichungen gibt es bei Themenbereichen, die als brisant und unangenehm aufgefasst werden können. Hier sind Anzeichen erkennbar, dass die Unternehmensleitungen die Kommunikation mit den Mitarbeitern – zumindest über das Medium Rund-E-Mails – scheuen, da nicht sehr viele Umfrageteilnehmer mindestens eine Rund-E-Mails mit einem derartigen Inhalt erhalten haben. Dabei dürfte es sich gerade bei den negativ bewertbaren Entscheidungen der Unternehmensleitungen um Vorgänge handeln, für deren Erfolg die Unterstützung durch die Mitarbeiter wesentlich ist.

Dagegen scheinen Rund-E-Mails mit Verhaltensregeln bei Unternehmensleitungen nicht unbeliebt, bei den Umfrageteilnehmern jedoch nicht allzu willkommen zu sein. Es kann vermutet werden, dass Regeln, die unmittelbar von der Unternehmensleitung an alle Mitarbeiter ausgesprochen werden, als lästig oder sogar als bevormundend empfunden werden.

Eine optimale Kommunikationspolitik durch Rund-E-Mails sollte somit eine Atmosphäre von größtmöglicher Transparenz und Offenheit zwischen Unternehmensleitung und Mitarbeitern erzeugen. Durch Informationen über Veränderungen innerhalb der Unternehmensstruktur oder auf Vorstandsebene wird dies nach den Ergebnissen der

Umfrage bereits in hohem Maße erreicht. Denn in diesen Themenbereichen ist die Differenz zwischen tatsächlichen Inhalten und gewünschten Inhalten nicht allzu groß. Insbesondere negativ bewertbare Entscheidungen der Unternehmensleitung müssen jedoch noch stärker kommuniziert werden, damit die Mitarbeiter erkennen, dass die Unternehmensleitung sie und ihre Sorgen ernst nimmt.

2. Gefühle und Leseverhalten bei ausgewählten Themenbereichen

Im vorherigen Abschnitt wurde untersucht, zu welchen Themenbereichen Rund-E-Mails tatsächlich versendet werden und zu welchen Themenbereichen sich Mitarbeiter Rund-E-Mails wünschen. Dabei zeigten sich bei einigen Themenbereichen große bzw. signifikante Differenzen, die darauf schließen lassen, dass die Themenauswahl der Rund-E-Mails nicht in allen Unternehmen optimal ist.

Um genauere Aussagen über empfehlenswerte Inhalte von Rund-E-Mails zu erhalten, werden nachfolgend die Reaktionen der Umfrageteilnehmer auf ausgewählte Themengebiete analysiert. Dabei werden zwei Faktoren berücksichtigt. Zum einen wurde in der Umfrage nach den Gefühlen gefragt, die Rund-E-Mails über ein bestimmtes Themengebiet bei den Teilnehmern ausgelöst haben. Dabei konnten die Teilnehmer aus folgenden Angaben jeweils eine Antwort auswählen:

- eher Freude
- eher Angst
- eher Wut
- eher Zusammengehörigkeit
- eher Desinteresse
- eher Interesse
- keine Möglichkeit zutreffend

Es kann eingewandt werden, dass die Antwortalternativen nicht alle einer einheitlichen Kategorie angehören. Freude, Wut, Angst und Zusammengehörigkeit bezeichnen Emotionen, während Interesse oder Desinteresse eine grundsätzliche verstandesmäßige Haltung gegenüber dem Themenbereich ausdrücken und daher emotional neutral sind. Diese logische Unschärfe der Fragestellung wurde bewusst gewählt. Denn es ist zu vermuten, dass ein Themenbereich, den ein Teilnehmer mit Desinteresse zur Kenntnis nimmt, keine starken Gefühle erzeugen kann, selbst wenn er sie vollständig liest. Wer dagegen eines der möglichen Gefühle angibt, scheint diesen Themenbereich mit so großem Interesse zu lesen, dass das Gefühl entstehen kann. Die Antwortmöglichkeit „Interesse" dürfte schließlich von Lesern gewählt werden, die mit einer neutralen, aber neugierigen Grundhaltung die Rund-E-Mail lesen. Bei der Interpretation der Antworten muss daher davon ausgegangen werden, dass die Gefühle der Umfrageteilnehmer bei einem Themenbereich besonders stark sind, wenn sie in erhöhtem Umfang als Antwort gewählt werden und nicht nur die neutralen Antwortmöglichkeiten „Interesse" oder „Desinteresse".

Zum anderen wurde das Leseverhalten bei den unterschiedlichen Themenbereichen abgefragt. Die Teilnehmer konnten angeben, ob sie die jeweiligen Rund-E-Mails „vollständig und gründlich lesen", die Rund-E-Mail nur „überfliegen" oder ob sie „nicht mehr weiter lesen, nachdem sie erkannt haben, um welches Thema es geht". Durch diese Fragestellung sollte herausgefunden werden, wie umfassend die Inhalte der Rund-E-Mails wahrgenommen werden. Nur bei einem gründlichen Lesen kann davon ausgegangen werden, dass der Leser den Inhalt der Rund-E-Mail vollständig erfasst hat. Ein Leser, der die Rund-E-Mail lediglich überfliegt, wird dagegen nur Teile des Inhalts wahrnehmen und bei seiner täglichen Arbeit im Unternehmen anwenden oder nutzen.

Die Fragen nach dem Leseverhalten und nach den Gefühlen berühren zwei unterschiedliche Dimensionen der Reaktionen auf Rund-E-Mails. Es ist möglich, dass sich ein Leser über eine Rund-E-Mail freut, obwohl er sie nur überfliegt. Daher kann nur durch die Betrachtung der Ergebnisse zu beiden Fragen ein detailliertes Bild der Auswirkungen der einzelnen Themenbereiche bei den Umfrageteilnehmern ermittelt werden.

a) Die durchschnittlichen Reaktionen der Umfrageteilnehmer

Eine Bewertung der Reaktionen der Umfrageteilnehmer auf einzelne Themenbereiche kann nur erfolgen, wenn die durchschnittlichen Reaktionen der Teilnehmer auf alle Themenbereiche bekannt sind. Die nachfolgend genannten Zahlen wurden ermittelt, indem die jeweiligen Reaktionen für sämtliche Themengebiete addiert und durch die Anzahl der Themengebiete geteilt wurden.

Folgende Gefühle werden durchschnittlich von den Rund-E-Mails ausgelöst:

- eher Freude: 5,4 %
- eher Angst: 6,5 %
- eher Wut: 10,3 %
- eher Zusammengehörigkeit: 12,6 %
- eher Desinteresse: 19,7 %
- eher Interesse: 45,6 %

Die Teilnehmer lesen die Rund-E-Mails im Durchschnitt folgendermaßen:

- Gründliches und vollständiges Lesen: 48,5 %
- Überfliegen der E-Mail: 38,2 %
- Nicht mehr Weiterlesen: 13,3 %

Da die Einzelanalyse der einzelnen Themenbereiche aufzeigen wird, dass es teilweise erhebliche Abweichungen von den Durchschnittswerten gibt, führt die Interpretation der Durchschnittswerte zu keinen sinnvollen Erkenntnissen und soll daher unterbleiben. Die Durchschnittswerte sollen vielmehr dazu dienen, die Besonderheiten bei den einzelnen Themenbereichen leichter zu erkennen.

b) Veränderungen innerhalb der Unternehmensstruktur

Rund-E-Mails der Unternehmensleitung, die über Veränderungen innerhalb der Unternehmensstruktur berichten, werden 71,5 % der Umfrage-Teilnehmer gründlich und vollständig gelesen. 23,3 % der Teilnehmer überfliegen die E-Mail und nur 5,2 % der Teilnehmer lesen nicht mehr weiter, nachdem sie das Thema der E-Mail erkannt haben.

Die Gefühle der Teilnehmer verteilen sich wie folgt:

- eher Freude: 2,1 %
- eher Angst: 11,3 %
- eher Wut: 10,6 %
- eher Zusammengehörigkeit: 6,3 %
- eher Desinteresse: 9,9 %
- eher Interesse: 59,9 %

Rund-E-Mails über Veränderungen innerhalb der Unternehmensstruktur erreichen eine hohe Aufmerksamkeit bei den Umfrageteilnehmern. Sie werden überdurchschnittlich häufig vollständig gelesen und stoßen auf nur ganz geringes Desinteresse. Dieses Ergebnis erscheint plausibel, da die mitgeteilten Veränderungen für alle Mitarbeiter konkrete und direkt erlebbare Auswirkungen haben können.

Allerdings rufen derartige E-Mails in überdurchschnittlichem Maße negative Gefühle bei den Umfrageteilnehmern hervor. Bei fast 22 % der Teilnehmer sind die Gefühle Wut oder Angst so stark, dass sie genannt wurden anstatt den neutralen Optionen Interesse oder Desinteresse. Es ist davon auszugehen, dass die Mitarbeiter mit negativen Gefühlen nachteilige Auswirkungen durch die angekündigten Veränderungen auf ihren eigenen Arbeitsplatz befürchten. Der Unternehmensleitung gelingt es nicht, diese Mitarbeiter von den positiven Aspekten der Veränderung zu überzeugen.

c) Veränderungen auf Vorstands- bzw. Unternehmensleitungsebene

Veränderungen im Top-Management eines Unternehmens haben für die Mitarbeiter regelmäßig keine unmittelbaren Auswirkungen. Daher unterscheiden sich die Reaktionen der Umfrageteilnehmer auf Rund-E-Mails, die über Veränderungen im Top-Management berichten, deutlich von den Reaktionen auf Rund-E-Mails über Veränderungen innerhalb der Unternehmensstruktur.

Diese Rund-E-Mails werden von 54,0 % der Teilnehmer vollständig und gründlich gelesen und von 37,9 % der Teilnehmer nur überflogen. Die Gefühle der Teilnehmer verteilen sich folgendermaßen:

- eher Freude: 2,9 %
- eher Angst: 5,9 %
- eher Wut: 8,8 %
- eher Zusammengehörigkeit: 2,9 %
- eher Desinteresse: 18,4 %
- eher Interesse: 61,0 %

Damit zeigen die Teilnehmer bei diesen Rund-E-Mails einen hohen Anteil an neutralen Reaktionen. Die negativen Gefühle Wut und Angst sind unterdurchschnittlich vertreten. Insgesamt werden E-Mails über Veränderungen auf Vorstandsebene von den Umfrageteilnehmern mit einer gewissen interessierten Gelassenheit zur Kenntnis genommen.

d) Negativ bewertbare Entscheidungen der Unternehmensleitung

Bereits beim Vergleich zwischen den tatsächlichen Inhalten von Rund-E-Mails und den erwünschten Inhalten hat sich gezeigt, dass Rund-E-Mails mit Informationen über Entscheidungen der Unternehmensleitung, die von den Mitarbeitern mit hoher Wahrscheinlichkeit negativ bewertet werden, eine exponierte Stellung einnehmen. Diese Rund-E-Mails erhalten die Umfrageteilnehmer signifikant seltener als erwünscht. Es kann vermutet werden, dass Unternehmensleitungen den Einsatz von Rund-E-Mails zur Übermittlung von negativ bewertbaren Nachrichten scheuen. Ein Grund könnte in der Befürchtung liegen, dass diese E-Mails bei den Mitarbeitern eine negative Stimmung erzeugen. Die Ergebnisse der Umfrage zeigen, dass diese Einschätzung zutreffend ist.

Wie die folgende Aufstellung zeigt, rufen diese Rund-E-Mails in besonders hohem Maße bei den Umfrageteilnehmern negative Emotionen hervor:

- eher Freude: 2,2 %
- eher Angst: 17,8 %
- eher Wut: 31,9%
- eher Zusammengehörigkeit: 6,7 %
- eher Desinteresse: 3,7 %

- eher Interesse: 37,8 %

Es handelt sich um den Themenbereich mit dem geringsten Anteil an neutralen Reaktionen. Dagegen empfinden fast 50 % der Umfrage-Teilnehmer negative Emotionen auf Rund-E-Mails mit negativ bewertbaren Entscheidungen.

Eine weitere Spitzenposition nehmen die Rund-E-Mails beim Leseverhalten ein. Sie werden von den Teilnehmern der Umfrage am meisten von allen Themenbereichen gründlich und vollständig gelesen (79,7 % der Teilnehmer). Der Anteil der Teilnehmer, die nicht mehr weiter lesen, ist mit 4,2 % am zweitgeringsten von allen Themenbereichen.

Die Entscheidung, ob und mit welcher Formulierung eine Rund-E-Mail mit negativ bewertbaren Entscheidungen verschickt wird, ist nach den Ergebnissen der Umfrage für die Unternehmensleitung eine schwierige. Einerseits erwarten die Umfragteilnehmer derartige Rund-E-Mails. Andererseits können die Rund-E-Mails zu negativen Gefühlen gegenüber dem Unternehmen bzw. der Unternehmensleitung führen. Die Unternehmensleitung muss daher versuchen, durch gute Argumentation und Erläuterung Verständnis für die Entscheidung bei den Mitarbeitern zu wecken.

e) Konkrete Verhaltensregeln

Wenn eine Rund-E-Mail der Unternehmensleitung konkrete Verhaltensregeln für die Mitarbeiter enthält, so dürften die Absender erwarten, dass die Mail von den Mitarbeitern besonders aufmerksam gelesen wird, damit die Verhaltensregeln befolgt werden. Die Ergebnisse der Umfrage deuten an, dass diese Erwartungen enttäuscht werden.

51,6 % der Umfrage-Teilnehmer gaben an, Rund-E-Mails mit Verhaltensregeln vollständig und gründlich zu lesen. Weitere 41,0 % der Teilnehmer überfliegen die Rund-E-Mails und 7,4 % der Teilnehmer lesen die E-Mail nicht weiter, nachdem sie den Inhalt erkannt haben. Wenn fast die Hälfte der Teilnehmer Rund-E-Mails mit konkreten Verhaltensregeln nicht vollständig und gründlich liest, erscheint es fraglich, ob Rund-E-Mails ein geeignetes Medium sind, um Regeln bei den Mitarbeitern durchzusetzen.

Zweifel an der Wirksamkeit derartiger Rund-E-Mails können auch auf Grund der bei den Umfrageteilnehmern erzeugten Gefühle entstehen:

- eher Freude: 4,1 %
- eher Angst: 4,1 %
- eher Wut: 18,0 %
- eher Zusammengehörigkeit: 9,0 %
- eher Desinteresse: 23,0 %
- eher Interesse: 41,8 %

Überdurchschnittlich häufig reagieren die Umfrageteilnehmer mit Desinteresse auf die E-Mails. 18 % der Teilnehmer empfinden Wut. Rund-E-Mails mit konkreten Verhaltensanweisungen stehen damit nach den Rund-E-Mails mit negativ bewertbaren Entscheidungen an zweiter Stelle bei den E-Mails, die eher Wut auslösen. Dies kann als weiteres Anzeichen dafür gewertet werden, dass die Mitarbeiter konkrete Regeln von der Unternehmensleitung als bevormundend empfinden. Bereits die Tatsache, dass derartige Rund-E-Mails als einzige weniger häufig erwünscht als tatsächlich versendet werden, wurde als Indiz für diese These gewertet.

f) Bekanntmachung von strategischen Unternehmenszielen

Rund-E-Mails mit Bekanntmachungen von strategischen Unternehmenszielen werden nach den Ergebnissen der Umfrage besonders häufig verschickt. Die Reaktionen der Teilnehmer auf diese Rund-E-Mails können als eher neutral bewertet werden:

- eher Freude: 6,4 %
- eher Angst: 12,9 %
- eher Wut: 8,6 %
- eher Zusammengehörigkeit: 8,6 %
- eher Desinteresse: 7,9 %
- eher Interesse: 55,7 %

Zwar empfinden 12,9 % der Umfrageteilnehmer Angst bei diesen Rund-E-Mails. Der vergleichsweise geringe Anteil der wut-empfindenden Teilnehmer relativiert die negativen Gefühle jedoch. Im Gegensatz zu Rund-E-Mails über Veränderungen innerhalb der Unternehmensstruktur können die Bekanntmachungen von strategischen Zielen bei 6,4 % der Teilnehmer noch Freude auslösen.

Die Leseaufmerksamkeit für Rund-E-Mails mit Bekanntmachungen von strategischen Unternehmenszielen ist hoch: 63,8 % der Teilnehmer lesen die Rund-E-Mails vollständig und 33, 2 % der Teilnehmer überfliegen diese E-Mails. Mit 3 % Leseabbrechern unter den Teilnehmern ist dies der Themenbereich mit den geringsten „Nicht-Weiter-Lesern".

Die Ergebnisse erlauben den Schluss, dass sich die Teilnehmer der Umfrage in vergleichsweise hohem Umfang mit den mitgeteilten strategischen Unternehmenszielen identifizieren können. Mitteilungen über die Umsetzung der Ziele, z.B. durch Umstrukturierungen oder negativ bewertbare Entscheidungen werden dagegen negativer aufgenommen. Das kann als Anzeichen gewertet werden, dass es Unternehmensleitungen nicht gelingt, das grundsätzliche Einverständnis über die strategischen Ziele auf die konkreten Maßnahmen zu übertragen.

g) Leitgedanken der Unternehmensphilosophie

Dass bei den Umfrageteilnehmern auf einem hohen Abstraktionsgrad Einverständnis über die Ausrichtung des Unternehmens besteht, zeigen auch die Ergebnisse bei dem Themenbereich „Leitgedanken der Unternehmensphilosophie". Folgende Gefühle lösen Rund-E-Mails über die Unternehmensphilosophie aus:

- eher Freude: 8,6 %
- eher Angst: -,- %
- eher Wut: 7,8 %
- eher Zusammengehörigkeit: 21,1 %
- eher Desinteresse: 25,0 %
- eher Interesse: 37,5 %

Kein Umfrageteilnehmer empfindet bei diesem Themenbereich Angst. Dagegen erzeugen diese Rund-E-Mails ein starkes Zusammengehörigkeitsgefühl. Nur Kondolenz-E-Mails erzeugen ein noch größeres Zusammengehörigkeitsgefühl.

Allerdings lösen die Rund-E-Mails auch ein vergleichsweise hohes Desinteresse aus. Dies zeigt sich auch darin, dass 56,3 % der Teilnehmer die Rund-E-Mails nur überfliegen und 12,0 % der Teilnehmer die Lektüre sogar abbrechen, nachdem sie das Thema erkannt haben.

Insgesamt scheinen Rund-E-Mails über die Unternehmensphilosophie jedoch eher positive Auswirkungen bei den Umfrage-Teilnehmern auszulösen. Dies kann darin begründet sein, dass die Unternehmensphilosophien zumeist ein positives Bild des Unternehmens und der vorherrschenden Unternehmenskultur entwerfen.

h) Reaktion auf negative Berichterstattung in den Medien

Rund-E-Mails mit Stellungnahmen der Unternehmensleitung auf negative Berichterstattung in den Medien werden von den Teilnehmern der Umfrage besonders häufig erwünscht. Insoweit ist dieses Themengebiet mit dem Themengebiet negativ bewertbare Entscheidungen vergleichbar. Die Reaktionen der Umfrageteilnehmer auf Rund-E-Mails mit Stellungnahmen auf negative Berichterstattung unterscheiden sich jedoch deutlich von den Reaktionen auf E-Mails über negativ bewertbare Entscheidungen.

So ist das Leseverhalten der Teilnehmer erheblich oberflächlicher. 57,4 % der Teilnehmer lesen die Rund-E-Mails gründlich und vollständig. Dagegen überfliegen 35,6 % der Teilnehmer die Rund-E-Mails und 6,9 % der Teilnehmer lesen die Rund-E-Mails nicht zu Ende.

Die ausgelösten Gefühle zeichnen ebenfalls ein deutlich positiveres Gesamtbild als die Gefühle auf negativ bewertbare Entscheidungen:

- eher Freude: 3,3 %
- eher Angst: 5,0 %
- eher Wut: 10,7 %
- eher Zusammengehörigkeit: 13,2 %
- eher Desinteresse: 13,2 %

- eher Interesse: 54,5 %

Die Tatsache, dass die Rund-E-Mails oberflächlich gelesen werden, lässt darauf schließen, dass die Teilnehmer nicht primär an den konkreten Argumenten der Unternehmensleitung interessiert sind, sondern es vielmehr als wichtig erachten, dass die Unternehmensleitung überhaupt reagiert. Darauf deutet auch der vergleichsweise hohe Wert des Zusammengehörigkeitsgefühls hin. Die Einbeziehung der Mitarbeiter in die Reaktionen der Unternehmensleitung zeigt, dass das Unternehmen vom Top-Management als Einheit betrachtet wird, das gemeinsam gegen Angriffe von außen verteidigt werden muss.

i) Kondolenznachrichten

Bei Rund-E-Mails mit Kondolenzen zu Todesfällen innerhalb des Unternehmens zeigt sich auf niedrigem Niveau eine große Differenz zwischen tatsächlich versendeten E-Mails und erwünschten E-Mails. Dabei werden diese E-Mails nicht besonders gut gelesen. 30,3 % der Teilnehmer lesen die E-Mails nicht zu Ende und weitere 47,4 % der Teilnehmer überfliegen sie nur. Trotzdem zeigen sich Auffälligkeiten bei den ausgelösten Gefühlen:

- eher Freude: -,- %
- eher Angst: 7,7 %
- eher Wut: 1,3 %
- eher Zusammengehörigkeit: 35,9 %
- eher Desinteresse: 37,2 %
- eher Interesse: 17,9 %

Verständlich ist, dass kein Umfrageteilnehmer Freude bei Kondolenz-E-Mails empfindet. Auffallend ist jedoch, dass bei 35,9 % der Umfrageteilnehmer das Zusammengehörigkeitsgefühl gestärkt wird. Dieser Anteil ist höher als der Anteil der Teilnehmer, die Kondolenz-E-Mails gründlich und vollständig lesen (22,3 % der Teilnehmer). Darin zeigt sich, dass Rund-E-Mails unabhängig vom Leseverhalten Gefühle bei den Empfängern auslösen können.

Als Erklärung für den hohen Wert des Zusammengehörigkeitsgefühls kann dienen, dass Kondolenz-E-Mails in manchen Unternehmen bei Todesfällen auf allen Hierarchiestufen verschickt werden. Wenn die Unternehmensleitung jedoch auch demonstrativ um Mitarbeiter aus unteren Hierarchieebenen trauert, so zeigt sie damit, dass sie das Unternehmen als Einheit sieht und ihr alle Mitarbeiter wichtig sind.

j) Zusammenfassung

Es wurde gezeigt, dass Rund-E-Mails der Unternehmensleitung je nach angesprochenem Themengebiet sehr unterschiedliche Reaktionen bei den Teilnehmern der Umfrage auslösen. Bei Themenbereichen, die Veränderungen im Unternehmen oder im konkreten Arbeitsumfeld der Mitarbeiter beschreiben, lassen sich deutlich höhere negative Reaktionen feststellen als bei anderen Themen. Die Unternehmensleitung muss sich dieses Umstandes bewusst sein und sollte bei der Formulierung der jeweiligen E-Mails versuchen, die Mitarbeiter von den Vorteilen der geplanten Maßnahmen zu überzeugen.

An der Umfrage haben sich – wie bereits dargelegt wurde – überwiegend junge, hochqualifizierte Teilnehmer beteiligt. Fraglich könnte daher sein, ob die Umfrageergebnisse repräsentativ für sämtliche Mitarbeiter eines Unternehmens sind. Es kann davon ausgegangen werden, dass die Teilnehmer gegenüber ihrem Arbeitgeber nicht negativ eingestellt sind. Ein Indiz dafür sind die positiven Ergebnisse bei Rund-E-Mails über die Unternehmensphilosophie. Es ist nicht ausgeschlossen, dass die Gesamtheit der Mitarbeiter dem Unternehmen distanzierter gegenüber steht, sodass die Reaktionen auf die Rund-E-Mails bei sämtlichen Mitarbeitern negativer ausfallen als bei der untersuchten Gruppe. Insoweit sind noch vertiefte Untersuchungen erforderlich.

VII. Rund-E-Mails als Kommunikationsmedium bei Prozessen des Organisationalen Lernens

In den ersten Abschnitten des dritten Teils dieses Buches wurden die Erwartungen und Reaktionen der Umfrageteilnehmer bezüglich Rund-E-Mails der Unternehmensleitung dargestellt und analysiert. Im folgenden Abschnitt sollen die Ergebnisse der Umfrage mit den Theorien des Organisationalen Lernens verknüpft werden. Im zweiten Teil der Studie wurde dargelegt, welche Rolle die jeweiligen Theorien der unternehmensinternen Kommunikation zuweisen.

Nunmehr soll analysiert werden, ob Rund-E-Mails diese Aufgaben der internen Kommunikation nach den Umfrageergebnissen tatsächlich übernehmen, oder ob und unter welchen Voraussetzungen sie zumindest geeignet erscheinen, diese Aufgaben zu erfüllen.

1. Förderung von umweltinitiierten Lernprozessen

Im ersten Teil der Untersuchung wurden Theorien des Organisationalen Lernens vorgestellt, die unerwünschte Umweltreaktionen als Auslöser für Lernprozesse innerhalb des Unternehmens ansehen. Voraussetzung für den Erfolg von wesentlichen Lernprozessen sind nach diesen Theorien zunächst Veränderungen der individuellen oder gemeinsam geteilten Grundannahmen und Werte bezüglich des Unternehmens. Basierend auf den veränderten Grundannahmen und Werten können dann Verhaltensveränderungen erfolgen.

Es wurde gezeigt, dass sowohl die Theorien von *March/Olsen* als auch von *Argyris/Schön* implizit bzw. explizit davon ausgehen, dass Lernprozesse von der Unternehmensleitung ausgehen müssen. Die Unternehmensleitung soll unerwünschte Umweltreaktionen erkennen, ihre eigenen Grundannahmen und Werte hinterfragen und anpassen und dann auf Basis der geänderten Grundannahmen und Werte geeignete Maßnahmen ergreifen.

Mittels interner Kommunikation muss die Unternehmensleitung die Mitarbeiter in den Lernprozess einbeziehen und versuchen, im gesamten Unternehmen den gewünschten Lernerfolg durchzusetzen. Dies kann nach den Theorien des Organisationalen Lernens jedoch nicht dadurch geschehen, dass die Mitarbeiter nur mit dem Lernergebnis der

Unternehmensleitung konfrontiert werden. Vielmehr ist es wichtig, dass die Mitarbeiter die veränderten Werte und Grundannahmen der Unternehmensleitung nachvollziehen und teilen. Denn nur so kann eine Akzeptanz bei den Mitarbeitern für die von der Unternehmensleitung als notwendig erachteten Maßnahmen erreicht werden.

Die Ergebnisse der Umfrage können die dargestellten Kommunikationsprozesse bestätigen. Dies zeigt sich insbesondere bei den Reaktionen auf Rund-E-Mails mit konkreten Verhaltensregeln. Wie bereits dargelegt, scheinen derartige Rund-E-Mails von den Umfrageteilnehmern nicht besonders erwünscht. Sie werden vergleichsweise wenig sorgfältig gelesen und erzeugen in überdurchschnittlich hohem Maße Wut. Somit erscheint es fraglich, ob durch Rund-E-Mails mit konkreten Verhaltensregeln tatsächlich eine Verhaltensveränderung erreicht werden kann. Es ist zu vermuten, dass die Unternehmensleitungen in den Rund-E-Mails mit konkreten Verhaltensregeln zu wenige Erläuterungen über den Sinn und Zweck der Regel geben. Somit soll durch die Rund-E-Mail lediglich das Verhalten der Mitarbeiter verändert werden, ohne dass ihre Einstellungen gegenüber der Handlungssituation verändert wird. Dass dies nicht zum Erfolg führen kann, gehört zu den Schlussfolgerungen aus den Theorien des Organisationalen Lernens.

Dabei erscheinen die Teilnehmer der Umfrage durchaus bereit, die Gedanken der Unternehmensleitung nachzuvollziehen und zu verstehen, wie die Reaktionen auf Rund-E-Mails mit negativ bewertbaren Entscheidungen der Unternehmensleitung zeigen. Derartige Entscheidungen sind ebenfalls das Ergebnis eines Lernprozesses der Unternehmensleitung. Die Umfrageergebnisse zeigen deutlich, dass die Teilnehmer sich mehr Informationen über derartige Entscheidungen wünschen. Die Teilnehmer sind also bereit, sich mit den negativen Entscheidungen zu beschäftigen; eine Tatsache, die auch durch die sehr hohe Leseaufmerksamkeit dieser Rund-E-Mails bestätigt wird.

Allerdings lösen die tatsächlich von den Unternehmensleitungen versandten Rund-E-Mails über negativ bewertbare Entscheidungen bei fast 50 % der Umfrageteilnehmer negative Reaktionen aus. Daraus lässt sich schließen, dass es den Unternehmensleitungen nicht optimal gelingt, die Empfänger der Rund-E-Mails von den Gründen für die Entscheidungen zu überzeugen. Bei den Teilnehmern mit negativen Gefühlen finden vermutlich nicht die von der Unternehmensleitung gewünschten Veränderungen der

Werte und Grundannahmen statt, sodass die Umsetzung der Entscheidungen der Unternehmensleitung von diesen Mitarbeitern nicht auf Basis einer gemeinsamen Überzeugung unterstützt wird. Das Ziel von Unternehmensleitungen muss daher sein, die Rund-E-Mails über negativ bewertbare Entscheidungen so zu gestalten, dass die Entscheidungen für die Mitarbeiter nachvollziehbar werden. Die Mitarbeiter dürfen nicht nur über die Entscheidung informiert werden, sondern sollten auch die Gründe für die Entscheidung erfahren. Gemäß den Theorien des Organisationalen Lernens sollten dabei einerseits die unerwünschten Umweltreaktionen erläutert werden und andererseits die daraus resultierenden Veränderungen der Grundannahmen und Werte der Unternehmensleitung. Auf Grund der hohen Aufmerksamkeit der Mitarbeiter können derartige Rund-E-Mails auch einen gewissen Umfang haben, um bei den Mitarbeitern durch ausführliche Erläuterungen und Argumentationen ebenfalls eine Veränderung der Grundannahmen und Werte herbeizuführen.

Ähnliches gilt für Rund-E-Mails über Veränderungen innerhalb der Unternehmensstruktur. Diese Rund-E-Mails werden nach den Umfrageergebnissen bereits von vielen Unternehmen versandt. Auch hier kann die hohe Leseaufmerksamkeit der Mitarbeiter dazu genutzt werden, die Veränderungen zu begründen, um so negativen Gefühlen vorzubeugen und die Unterstützung der Mitarbeiter für die Umstrukturierungen zu gewinnen.

Wichtiger als Rund-E-Mails, die über abgeschlossene Lernprozesse der Unternehmensleitung berichten, erscheinen Rund-E-Mails, die über Veränderungen der Werte und Grundannahmen vor einzelnen Entscheidungen berichten. Hierbei kann es sich um Rund-E-Mails zu den Themenbereichen strategische Ziele und Unternehmensphilosophie handeln. Die Umfrageergebnisse haben gezeigt, dass Rund-E-Mails über die strategischen Ziele mit hoher Aufmerksamkeit und vergleichsweise neutralen Gefühlen von den Mitarbeitern zur Kenntnis genommen werden. Bei Rund-E-Mails über die Unternehmensphilosophie ist die Aufmerksamkeit der Umfrageteilnehmer zwar geringer, aber die Umfrageergebnisse lassen auf deutlich positive Reaktionen der Teilnehmer schließen. Daher erscheinen diese E-Mails geeignet, bereits während der Lernprozesse der Unternehmensleitung die Werte und Grundannahmen der Mitarbeiter mit den neuen Werten und Grundannahmen der Unternehmensleitung zu synchronisieren.

Die Ergebnisse der Umfrage lassen somit vermuten, dass Rund-E-Mails der Unternehmensleitung ein geeignetes Medium sind, um die Informationen, die für erfolgreiche Lernprozesse auf Grund von unerwünschten Umweltreaktionen erforderlich sind, an die Mitarbeiter zu vermitteln. Denn Rund-E-Mails aus den dafür relevanten Themenbereichen werden von den Umfrageteilnehmern mit hoher Aufmerksamkeit gelesen und sind grundsätzlich erwünscht. Allerdings müssen die Rund-E-Mails so gestaltet werden, dass die Mitarbeiter keine negativen Gefühle gegenüber den Veränderungen entwickeln. Hierzu ist es notwendig, die geänderten Werte und Grundannahmen der Unternehmensleitung offen und überzeugend zu kommunizieren, damit sie von den Mitarbeitern nachvollzogen werden können. Insofern haben die Umfrageergebnisse ein Optimierungspotential der versendeten Rund-E-Mails aufgezeigt. Wie diese Optimierung im Einzelnen geschehen kann, sollte Gegenstand weiterer Untersuchungen zum Thema Rund-E-Mails der Unternehmensleitung sein.

2. Förderung von wissensbasierten Lernprozessen

Wissensbasierte Lernprozesse finden gemäß den Theorien des Organisationalen Lernens unabhängig von äußeren Umwelteinflüssen statt. Das lernende Unternehmen möchte durch eine Vergrößerung der ihm zur Verfügung stehenden Wissensbasis für zukünftige Lernsituationen gerüstet sein. Im ersten Teil der Studie wurde dargelegt, dass nach den Theorien des wissensbasierten Lernens die Wissensgenerierung nicht „von oben nach unten" erfolgen kann, sondern dass vielmehr die Mitarbeiter der unteren Hierarchieebenen bereit sein müssen, ihr Wissen dem Unternehmen zugänglich zu machen.

Die Aufgabe von Rund-E-Mails der Unternehmensleitung kann demnach vorrangig nicht sein, den Mitarbeitern konkretes Wissen zu vermitteln. Sie können jedoch dazu beitragen, die Bereitschaft zur Wissensweitergabe der Mitarbeiter zu erhöhen und so zum Erfolg der Lernprozesse zu führen.

a) Die Rolle der Motivation bei wissensbasierten Lernprozessen

Wissensbasierte Lernprozesse können nur stattfinden, wenn Mitarbeiter bereit sind ihr Wissen weiterzugeben. Die Weitergabe kann durch Veröffentlichung von Wissen in Datenbanken des Intranets oder aber auch im direkten Austausch mit Kollegen erfolgen. Allerdings sind verschiedene Gründe denkbar, die einen Mitarbeiter daran hindern können, sein Wissen dem Unternehmen zur Verfügung zu stellen.

Zum einen ist individuelles Wissen eine Machtressource für jeden Mitarbeiter eines Unternehmens[53]. Denn durch besonderes Wissen oder besondere Fähigkeiten kann sich ein Mitarbeiter im Unternehmen „unersetzbar" machen und so seine Stellung innerhalb des Unternehmens stärken. Die Wissensweitergabe an andere Mitarbeiter würde dann zum Verlust seiner Monopolstellung und damit zu einer Schwächung seiner Position führen.

Zum anderen ist die Wissensweitergabe mit Zeitaufwand verbunden, der von den Mitarbeitern als unnötig empfunden werden kann. Ein Mitarbeiter, der beispielsweise über viel implizites Wissen verfügt, muss dieses Wissen zunächst externalisieren, um es weitergeben zu können. Dies kann beispielsweise dadurch erfolgen, dass der Mitarbeiter Tätigkeitsbeschreibungen formulieren muss. Auch die Ablage von Ergebnissen in Wissensdatenbanken kostet Arbeitszeit, die vielleicht nach Ansicht der Mitarbeiter anderweitig besser genutzt werden könnte. Daher lässt sich bei der Pflege von Datenbanken das sogenannte „Free-Rider-Phänomen" beobachten[54]: Jeder Mitarbeiter vertraut darauf, dass die anderen Mitarbeiter die Arbeit der Eingabe des Wissens in die Datenbank übernehmen, um somit selbst von der Arbeit befreit zu sein.

Aufgabe der Unternehmensleitung ist es, die Widerstände der Mitarbeiter gegen die Wissensweitergabe abzubauen. Die Mitarbeiter müssen motiviert werden, sich aktiv am Wissensaufbau des Unternehmens zu beteiligen. In der Forschung werden zwei Arten von Motivation unterschieden: extrinsische und intrinsische Motivation[55].

---

[53] *Wilkesmann (2000)*, S. 480.
[54] *Wilkesmann (2000)*, S. 490.
[55] Ausführlich zu den Motivationsformen: *Heckhausen (1989)*.

Extrinsisch motivierte Handlungen werden nicht um ihrer selbst willen und freiwillig ausgeführt, sondern um Belohnungen zu erhalten oder um Sanktionen zu entgehen. Ein extrinsischer Motivationsanreiz kann beispielsweise darin bestehen, dass derjenige Mitarbeiter, der die meisten Einträge in die Wissensdatenbank einspeist, eine Geldprämie erhält. In diesem Fall erhöhen die Mitarbeiter das Wissen des Unternehmens nur, um selbst in den Genuss der Prämie zu gelangen. Ihr Ziel ist nicht die Erhöhung des gemeinsamen Wissens des Unternehmens. Der Nachteil von extrinsischer Motivation besteht darin, dass es notwendig ist, dauernd erstrebenswerte externe Ziele und Anreize zu schaffen.

Ziel des Unternehmens muss es daher sein, bei den Mitarbeitern intrinsische Motivation für die Unterstützung von wissensbasierten Lernprozessen zu wecken. Intrinsische Motivation liegt vor, wenn die Handlung und das Handlungsziel übereinstimmen[56]. Eine intrinsisch motivierte Handlung wird vorgenommen, auch wenn sie nicht besonders belohnt wird. Ein Mitarbeiter ist intrinsisch motiviert, wenn „ihm die Arbeit Spaß macht"[57].

In der Literatur wird die Ansicht vertreten, dass Prozesse Organisationalen Lernens vorrangig durch intrinsische Motivation der Mitarbeiter gefördert werden können[58]. Allzu starke extrinsische Anreize wie Prämien oder Sonderzahlungen sollen sogar in der Lage sein, die intrinsische Motivation zu zerstören[59] und so Lernprozesse langfristig zu blockieren.

Fraglich ist, wie die intrinsische Motivation zu Beiträgen innerhalb von wissensbasierten Lernprozessen bei den Mitarbeitern gefördert werden kann. Hierbei ist zu berücksichtigen, dass sich die beschriebenen Hemmnisse für die Weitergabe von Wissen im Kern auf einen Faktor zurückführen lassen: Den Mitarbeitern erscheint der eigene Nutzen, den sie erzielen, wenn sie ihr Wissen nicht dem Unternehmen zur Verfügung stellen, wichtiger als der Nutzen, den das Unternehmen durch wissensbasierte Lernprozesse haben kann. Es handelt sich letztendlich um eine Form des Egoismus, der die Mitarbeiter an der aktiven Teilnahme an wissensbasierten Lernprozessen hindern

---

[56] *Heckhausen (1989)*, S. 459.
[57] So plakativ *Wilkesmann (2003)*. S. 142.
[58] *Hennemann (1997)*, S. 310 mit weiteren Nachweisen.
[59] *Wilkesmann (2003)*, S. 142.

kann. Diese Haltung kann überwunden werden, wenn die Mitarbeiter erkennen, dass zwischen ihren persönlichen Zielen und den Zielen des Unternehmens ein hohes Maß an Übereinstimmung besteht. Wenn Mitarbeiter sich also in das Unternehmen integriert und dem Unternehmen zugehörig fühlen, ist davon auszugehen, dass bei ihnen eine erhöhte intrinsische Motivation zur Förderung von wissensbasierten Lernprozessen besteht. Wie diese positiven Gefühle dem Unternehmen gegenüber durch Rund-E-Mails der Unternehmensleitung gefördert werden können, soll sogleich untersucht werden.

b) Rund-E-Mails der Unternehmensleitung als Förderer der intrinsischen Motivation

In Studien von *Wilkesmann* wurde nachgewiesen, dass die intrinsische Motivation zu kollektivem Lernen besonders hoch in homogenen Teams ohne größere Macht- oder Hierarchieunterschiede ist[60]. In einem derartigen Umfeld besteht ein hohes Zusammengehörigkeitsgefühl zu den anderen Teammitgliedern. Das Zusammengehörigkeitsgefühl zum unmittelbaren Arbeitsumfeld scheint somit wesentlicher für die intrinsische Motivation zu sein als das Zugehörigkeitsgefühl zum gesamten Unternehmen.

Dieses Ergebnis sollte nicht dahin gedeutet werden, dass die Unternehmensleitung keinen Einfluss auf das Zusammengehörigkeitsgefühl der Mitarbeiter hat. Ihr Verhalten kann vielmehr dazu beitragen, dass im Unternehmen eine konstruktive Atmosphäre herrscht, in der die Mitarbeiter bereitwillig zu wissensbasierten Lernprozessen beitragen. Dies kann auch durch Rund-E-Mails der Unternehmensleitung geschehen.

In der Umfrage wurde auch erfragt, bei welchen Themengebieten die Umfrageteilnehmer ein Zusammengehörigkeitsgefühl zum Unternehmen empfinden. Dabei nahmen folgende Themenbereiche die Spitzenposition ein:

- Kondolenzen: 35,9 %
- Unternehmensphilosophie: 21, 1 %
- Jubiläen: 20,0 %
- Reaktionen auf negative Medienberichte: 13,1 %
- Hinweise auf laufende Werbekampagnen: 10,1 %

---

[60] *Wilkesmann (2000a).*

Den geringsten Wert erreichen Rund-E-Mails mit Informationen über Veränderungen auf Vorstands- bzw. Unternehmensleitungsebene, bei denen nur 2,9 % der Umfrageteilnehmer ein Zusammengehörigkeitsgefühl empfinden.

Bei den genannten Themenbereichen handelt es sich um Inhalte, die keine unmittelbaren Auswirkungen auf den Arbeitsplatz der Teilnehmer haben. Daher werden Rund-E-Mails über diese Themenbereiche auch mit einer vergleichsweise geringen Aufmerksamkeit gelesen. Der Anteil der Umfrageteilnehmer, die Rund-E-Mails über diese Themenbereiche vollständig und gründlich lesen, reicht von 11,0 % (Jubiläen) bis 57,4 % (Reaktionen auf negative Medienberichte). Trotzdem lassen die Ergebnisse der Umfrage vermuten, dass Rund-E-Mails über derartige Themen eine positive Wirkung bei den Umfrageteilnehmern erzielen.

Ein besonderes Augenmerk sollte dabei auf Rund-E-Mails mit Reaktionen auf negative Medienberichte gelegt werden. Denn bei negativen Medienberichten werden Reaktionen der Unternehmensleitung von den Umfrageteilnehmern in besonders hohem Maße erwünscht.

Wenn Unternehmensleitungen also durch Rund-E-Mails die intrinsische Motivation der Mitarbeiter zum wissensbasierten Lernen steigern wollen, sollten Rund-E-Mails auch in regelmäßigen Abständen über „softe" Themenbereiche versandt werden. Die Unternehmensleitung kann dadurch zeigen, dass sie sich nicht nur für die Zahlen des Betriebsergebnisses interessiert. Bei den Themenbereichen Kondolenzen und Jubiläen zeigt die Unternehmensleitung Anteilnahme an Ereignissen, die die Mitarbeiter persönlich betreffen. Rund-E-Mails über negative Medienberichte sowie Werbekampagnen beziehen die Mitarbeiter in die beabsichtigte und unbeabsichtigte Außenwirkung des Unternehmens mit ein. Sie ermöglichen es den Mitarbeitern, in ihrem privaten Umfeld auf Anfragen bezüglich des Unternehmens zu reagieren. Diese Unterstützung wird von den Umfrageteilnehmern als positiv bewertet.

3. Zusammenfassung

In Unternehmen finden viele Lernprozesse gleichzeitig statt. Manche Lernprozesse erfolgen dabei als Reflex auf unerwünschte Umweltreaktionen. Andere Lernprozesse sollen das Unternehmen für zukünftige Herausforderungen rüsten, indem Wissen innerhalb des Unternehmens erworben und gespeichert wird. Für beide Arten von Lernprozessen liefern die Theorien des Organisationalen Lernens Modelle, die jeweils eine bestimmte Form der internen Kommunikation erfordern.

Bei umweltinitiierten Lernprozessen ist es notwendig, dass die Unternehmensleitung versucht, negative Reaktionen der Mitarbeiter zu vermeiden. Dazu muss sie die Mitarbeiter von der Richtigkeit ihrer geänderten Werte und Grundannahmen überzeugen. Rund-E-Mails, die umweltinitiierte Lernprozesse unterstützen können, behandeln insbesondere die Themenbereiche „negativ bewertbare Entscheidungen", „Umstrukturierungen", „Bekanntmachungen von strategischen Zielen" und „Unternehmensphilosophie". Die beiden letztgenannten Themenbereich eigenen sich, um Einstellungsveränderungen bei den Mitarbeitern bereits im Vorfeld von konkreten Entscheidungen zu fördern.

Während umweltinitiierte Lernprozesse zunächst auf Ebene der Unternehmensleitung stattfinden, spielen sich wissensbasierte Lernprozesse auf niedrigeren Hierarchieebenen ab. Hier kann die Unternehmensleitung nur unterstützend wirken, indem sie zu einer konstruktiven Atmosphäre innerhalb des Unternehmens beiträgt. Dies kann durch Rund-E-Mails mit „soften" Inhalten geschehen, die das Zusammengehörigkeitsgefühl der Mitarbeiter zum Unternehmen stärken. Auch hier erscheinen Rund-E-Mails zum Themenbereich „Unternehmensphilosophie" ein geeignetes Mittel für die Förderung des Zusammengehörigkeitsgefühl der Mitarbeiter zu sein.

Wesentlich für den Erfolg von Rund-E-Mails dürften der Zeitpunkt des Versands und die konkrete Formulierung des Textes sein. Insbesondere bei Themenbereichen, die eine hohe Aufmerksamkeit erzielen und zugleich hohe negative Empfindungen bei den Empfängern auslösen – beispielsweise Rund-E-Mails aus dem Themenbereich der negativ bewertbaren Entscheidungen, erscheint es nicht ausgeschlossen, dass durch eine sorgfältige Formulierung die negativen Auswirkungen vermindert und die positiven Auswirkungen erhöht werden können. Hier bestehen Ansatzpunkte für zukünftige Forschungen zum Medium Rund-E-Mails der Unternehmensleitung.

E. Zusammenfassende Thesen

Die Ergebnisse der Arbeit werden nachfolgend in Thesen zusammengefasst.

1. Die Theorien des Organisationalen Lernens beschreiben jeweils einzelne Aspekte von Lernprozessen innerhalb von Unternehmen. Alle Theorien sind geeignet, Lernerfolge innerhalb eines Unternehmens zu erklären. Daher kann keine überlegene Theorie ermittelt werden. Die Gesamtheit der Theorien des Organisationalen Lernens spiegelt die Unternehmenswirklichkeit wider. Denn in Unternehmen laufen gleichzeitig oder nacheinander unterschiedliche Lernprozesse ab, die sich jeweils wesentlich voneinander unterscheiden. Auf Grund dieser Vielfalt der Lernprozesse ist eine einheitliche Theorie des Organisationalen Lernens bislang noch nicht entwickelt worden.

2. Eine Einteilung der Theorien des Organisationalen Lernens kann danach erfolgen, welche Faktoren die jeweiligen Theorien als Auslöser für Lernprozesse definieren. Zum einen gibt es Theorien, die Lernen als Reaktion auf negative Umwelteinflüsse ansehen. Andere Theorien gehen davon aus, dass Lernen unabhängig von äußeren Einflüssen durch Wissenssammlung und Wissensspeicherung erfolgen kann.

3. Theorien, die von umweltinitiierten Lernprozessen ausgehen, definieren Verhaltensveränderungen des Unternehmens als Lernziel. Diese Verhaltensveränderungen sind jedoch nur dann dauerhaft, wenn sich zuvor die Werte und Grundannahmen der Organisationsmitglieder, auf denen die Verhaltensweisen basieren, verändert haben.

4. Wissensbasierte Theorien des Organisationalen Lernens unterscheiden verschiedene Dimensionen des Wissens. Dabei kann das Wissen einerseits danach aufgeteilt werden, ob und in welchem Umfang es der Organisation zur Verfügung steht. Eine andere Differenzierung kann danach erfolgen, ob das Wissen den einzelnen Organisationsmitgliedern bewusst ist (explizites Wissen), oder ob die Organisationsmitglieder ihr Wissen unbewusst anwenden (implizites Wissen). Das Ziel von Lernprozessen ist die Transformation von Wissen auf einen

Dimensionsgrad, der es allen Organisationsmitgliedern ermöglicht, auf das Wissen zurückzugreifen. Auf Grund des dadurch vermehrten verfügbaren Wissens ist die Organisation in der Lage, auf neue Umweltsituationen angemessen bzw. optimal zu reagieren.

5. Sämtliche Theorien des Organisationalen Lernens weisen einen hohen Abstraktionsgrad auf. Daher enthalten sie nur wenige Aussagen, wie Lernprozesse innerhalb eines Unternehmens konkret ausgestaltet werden müssen. Insbesondere werden Kommunikationsprozesse, die für das Lernen notwendig sind, nur rudimentär beschrieben. Aus den Theorien lassen sich jedoch Schlussfolgerungen auf die als notwendig erachteten Kommunikationsprozesse ziehen.

6. Die Theorien des umweltinitiierten Lernens sehen die Unternehmensleitung als Ausgangspunkt von Lernprozessen an. Durch unternehmensinterne Kommunikation muss die Unternehmensleitung dafür sorgen, dass die Mitarbeiter die Lernprozesse nachvollziehen. Dabei ist es wesentlich, dass die Mitarbeiter nicht nur über die konkreten Verhaltensänderungen informiert werden, sondern auch über die veränderten Werte und Grundannahmen der Unternehmensleitung. Nur wenn die Mitarbeiter diesen Wandel nachvollziehen und sich ihre eigenen Werte und Grundannahmen verändern, können Lernergebnisse im gesamten Unternehmen dauerhaft etabliert werden.

7. Bei wissensbasierten Lernprozessen spielen sich die wesentlichen Kommunikationsprozesse auf niedrigeren Hierarchieebenen ab. Denn das Wissen der Mitarbeiter muss für das Unternehmen verfügbar gemacht werden. Die Unternehmensleitung kann bei wissensbasierten Lernprozessen nur unterstützend wirken.

8. Es gibt zahlreiche Medien der internen Unternehmenskommunikation. Ein vergleichsweise junges Medium sind Rund-E-Mails der Unternehmensleitung an alle Mitarbeiter. Der Vorteil von Rund-E-Mails der Unternehmensleitung liegt darin, dass die Mitarbeiter zeitnah und kostengünstig informiert werden können. Es gibt keine Vorgaben zum Umfang der E-Mails. Sowohl kurze als auch ausführliche Nachrichten können versandt werden. Da die Mitarbeiter die Rund-

E-Mails in ihrem Posteingangsfach finden, erreichen Rund-E-Mails eine hohe Aufmerksamkeit.

9. In einer Online-Umfrage wurde ermittelt, welche Auswirkungen Rund-E-Mails der Unternehmensleitung bei den Empfängern auslösen. Es wurde untersucht, ob und auf welche Weise Rund-E-Mails Lernprozesse im Unternehmen unterstützen können.

10. Die Teilnehmer der Umfrage sind vergleichsweise jung und überdurchschnittlich qualifiziert. Es ist davon auszugehen, dass die Teilnehmer eine grundsätzlich positive Einstellung zu ihrem Arbeitgeber haben, da sie sehr wahrscheinlich karriereorientiert sind. Ob die Umfrageergebnisse daher verallgemeinerungsfähig sind, ist ungewiss. Es kann vermutet werden, dass die Ergebnisse auf Grund der Teilnehmerstruktur ein eher positives Bild zeichnen, und dass eine Umfrage bei einer repräsentativen Auswahl von Mitarbeitern zu negativeren Ergebnissen bezüglich der Auswirkungen von Rund-E-Mails gelangen könnte. Da die Umfrageteilnehmer für Unternehmen jedoch eine wichtige Mitarbeitergruppe darstellen, erscheint es sinnvoll, die Ergebnisse der Umfrage bei der Gestaltung von Rund-E-Mails zu berücksichtigen.

11. Gemäß den Umfrageergebnissen unterscheidet sich die Anzahl der Rund-E-Mails, die in den einzelnen Unternehmen verschickt werden, erheblich. Fast die Hälfte der Teilnehmer erhielt innerhalb eines Jahres mehr als 10 Rund-E-Mails der Unternehmensleitung. Allerdings sind diejenigen Teilnehmer, die zwischen 5 und 10 Rund-E-Mails erhalten haben, mit der Anzahl der Rund-E-Mails am zufriedensten. Unternehmensleitungen kann daher empfohlen werden, das Medium Rund-E-Mail regelmäßig, aber nicht zu häufig einzusetzen.

12. Der überwiegende Teil der Umfrageteilnehmer sieht sich an seinem Arbeitsplatz mit Lernanforderungen konfrontiert. Viele Teilnehmer erfahren Unterstützung beim Lernen durch ihr Unternehmen. Diese Lernunterstützung trägt dazu bei, dass die Lernanforderungen als positiv bewertet werden. Es konnte nicht nachgewiesen werden, dass der Versand von Rund-E-Mails der Unternehmensleitung Auswirkungen auf die Einschätzung der Lernanforderungen hat. Daraus kann

gefolgert werden, dass es für eine Förderung von Lernprozessen nicht darauf ankommt, dass Rund-E-Mails versandt werden, sondern welchen Inhalt die Rund-E-Mails haben.

13. Es wurde analysiert, zu welchen Themengebieten die Teilnehmer der Umfrage innerhalb der letzten 12 Monate Rund-E-Mails tatsächlich erhalten haben und zu welchen Themengebieten sie sich Rund-E-Mails wünschen. Eine besonders große Differenz zwischen tatsächlich versendeten Rund-E-Mails und erwünschten Rund-E-Mails besteht bei Rund-E-Mails über negativ bewertbare Entscheidungen der Unternehmensleitung. Über diese Entscheidungen möchten die Umfrageteilnehmer besser durch Rund-E-Mails informiert werden. Ähnliches gilt für Reaktionen auf negative Medienberichte. Der Themenbereich „konkrete Verhaltensregeln" ist der einzige Bereich, bei dem sich die Umfrageteilnehmer weniger Rund-E-Mails wünschen als sie tatsächlich erhalten. Es kann Unternehmensleitungen somit empfohlen werden, insbesondere bei negativ bewertbaren Entscheidungen der Unternehmensleitung, transparent und offen zu kommunizieren.

14. Die Reaktionen der Teilnehmer auf Rund-E-Mails der Unternehmensleitung unterscheiden sich je nach dem Themengebiet. Bei einigen Themengebieten empfinden die Teilnehmer starke, negative Gefühle, so beispielsweise bei Rund-E-Mails über negativ bewertbare Entscheidungen oder über Veränderungen der Unternehmensstruktur. Diese E-Mails werden auch mit einer besonders hohen Aufmerksamkeit von den Umfrageteilnehmern gelesen. Die Verfasser von Rund-E-Mails müssen bei diesen Themenbereichen versuchen, die Empfänger der E-Mails von den positiven Aspekten der jeweiligen Maßnahmen zu überzeugen.

15. Sofern Rund-E-Mails der Unternehmensleitung umweltinitiierte Lernprozesse fördern sollen, haben sie die Aufgabe, einerseits über die Lernergebnisse der Unternehmensleitung zu berichten und andererseits über die gewandelten Werte und Grundannahmen der Unternehmensleitung. Hierzu bieten sich Rund-Mails über die Themenbereiche „Veränderungen der Unternehmensstruktur", „negativ bewertbare Entscheidungen der Unternehmensleitung", „Bekanntmachung von strategischen Zielen" sowie „Unternehmensphilosophie" an. Die Mitarbeiter

müssen von den neuen Ansichten der Unternehmensleitung überzeugt werden. Daher muss die Sichtweise der Unternehmensleitung ausführlich erläutert und begründet werden.

16. Die Förderung von wissensbasierten Lernprozessen kann durch die Unternehmensleitung nur mittelbar erfolgen. Ein Ziel der Unternehmensleitung kann sein, die intrinsische Motivation der Mitarbeiter zur Beteiligung an wissensbasierten Lernprozessen zu erhöhen. Dies kann geschehen, indem das Zusammengehörigkeitsgefühl der Mitarbeiter zum Unternehmen erhöht wird und auf diese Weise eigennützige Handlungsweisen verringert werden. Gemäß den Ergebnissen der Umfrage eigenen sich insbesondere die Themenbereiche „Unternehmensphilosophie", „Kondolenzen", „Jubiläen" aber auch „Hinweise auf aktuelle Werbekampagnen" und „Reaktionen auf negative Medienberichte" dazu, bei den Empfängern der Rund-E-Mails das Zusammengehörigkeitsgefühl zum Unternehmen zu stärken.

17. Die vorliegende Studie hat somit gezeigt, dass je nach konkreter Lernsituation unterschiedliche Themenbereiche in Rund-E-Mails von der Unternehmensleitung angesprochen werden sollten. Wichtig ist, dass sich die Unternehmensleitung bewusst ist, dass mit Rund-E-Mails mit vergleichsweise geringem Aufwand große positive oder negative Auswirkungen im Unternehmen erzielt werden können. Daher ist eine sorgfältige Planung von Rund-E-Mails notwendig. Spontane Rund-E-Mails dürften regelmäßig negative Auswirkungen bei den Mitarbeitern auslösen. Sofern jedoch Rund-E-Mails im Rahmen einer umfassenden internen Kommunikationsstrategie eingesetzt werden, sind sie geeignet, Prozesse des Organisationalen Lernens innerhalb des Unternehmens zu fördern.

Literaturverzeichnis

A r g y r i s, Chris / S c h ö n, Donald A.
Organizational Learning: A theory of action perspective, Reading (Mass.) 1978

F r e s e, Erich (Hrsg.)
Organisationsmanagement – Neuorientierung der Organisationsarbeit,
Stuttgart 2000

G u e r t l e r, Richard
Betriebliche Informations- und Kommunikationssysteme als Instrumente zur
Verbesserung der Unternehmensführung, Weiden 1997

H e c k h a u s e n, Heinz
Motivation und Handeln, Berlin 1989

H ei n, Frank Martin
Elektronische Unternehmenskommunikation, Konzepte und Best Practices zu
Kultur und Führung, Frankfurt 2008

H e n n e m an n, Carola
Organisationales Lernen und die lernende Organisation, Nürnberg 1997

H o f f m a n n, Claus/ L a n g, Beatrix
Das Intranet, 2. Aufl., Konstanz 2008

J o s t, Peter-J.
Organisation und Koordination, 2. Aufl., Wiesbaden 2008

M a r c h, James G. / O l s e n, Johann P.
The Uncertainty of the Past: Organizational Learning under Ambiguity,
In: European Journal of Political Research, 1975, S. 147 ff.

M a s t, Claudia
Interne Unternehmenskommunikation – der Dialog mit Mitarbeitern und
Führungskräften, in: *Piwinger/Zerfass* (Hrsg.), Handbuch
Unternehmenskommunikation, Wiesbaden 2007, S. 757 ff.

M e i e r, Philip
Interne Kommunikation von Unternehmen, Zürich 2000

N e u m a n n, Robert
Die Organisation als Ordnung des Wissens, Wiesbaden 2000

N o n a k a, Ikujiro
A Dynamic Thoeriy of Organizational Knowledge Creation,
in: Organizational Science, 1994, S. 14 ff.

P a w l o w s k i, Peter / G e p p e r t, Mike
Organisationales Lernen,
in: *Weik/Lang* (Hrsg.), Moderne Organisationstheorien 1: Handlungsorientierte
Ansätze, 2. Aufl., Wiesbaden 2005, S. 259 ff.

P a u t z k e, Gunnar
Die Evolution der organisatorischen Wissensbasis, München 1989

S c h ä f e r, Martina
Gestaltung von lernenden Unternehmen und Einsatz von multimedialen
Technologien,
Stuttgart 1997

S c h m i d t, F. Beat / L y c z e k, Boris
Unternehmenskommunikation – Kommunikationsmanagement aus Sicht der
Unternehmensführung, Wiesbaden 2006

S c h o l z, Christian
Strategische Organisation, 2. Aufl. im Selbstverlag, Saarbrücken 2000

S c h o l z, Christian
Spieler ohne Stammplatzgarantie – Darwinportunismus in der neuen Arbeitswelt,
Weinheim 2003

S c h r e y ö g g, Georg
Organisation: Grundlagen moderner Organisationsgestaltung,
3. Aufl., Wiesbaden 2008

S o n n t a g, Karl-Heinz
Lernen im Unternehmen, München 1996

W a h r e n, Heinz-Kurt
Das lernende Unternehmen – Theorie und Praxis der Organisationalen Lernens,
Berlin, New York 1996

W i e g a n d, Martin
Prozesse Organisationalen Lernens, Wiesbaden 1996

W i e s w e d e, Günter
Lexikonbeitrag Kommunikation, in: *v. Beckerath/Sauermann/Wiswede* (Hrsg.),
Handwörterbuch der Betriebspsychologie und Betriebssoziologie, Stuttgart 1981

W i l k e, Helmut
> Das intelligente Unternehmen – Wissensmanagement der Organisation,
> in: *Beratergruppe Neuwaldegg* (Hrsg.), Intelligente Unternehmen –
> Herausforderung Wissensmanagement, Wien 1995, S. 47 ff.

W i l k e s m a n n, Uwe
> Die Anforderungen an die interne Unternehmenskommunikation in neuen
> Organisationskonzepten, in: Publizistik, 2000, S. 476 ff.

W i l k e s m a n n, Uwe
> Kollektives Lernen in Organisationen – am Beispiel von Projektgruppen,
> in: *Clermont/Schmeisser/Krimphove* (Hrsg.), Personalführung und Organisation,
> München 2000, zitiert *Wilkesmann (2000a)*

W i l k e s m a n n, Uwe
> Strukturelle und motivationale Voraussetzungen des organisationalen Lernens,
> in: *Brentel/Klemisch/Rhon* (Hrsg.), Lernendes Unternehmen – Konzepte und
> Instrumente für eine zukunftsfähige Unternehmens- und
> Organisationsentwicklung, Wiesbaden 2003

W i l k e s m a n n, Uwe / R o m m e, A. Georges L.
> Organisationales Lernen, zirkuläres Organisieren und die Veränderung der
> interorganisatorischen Herrschaftsverhältnisse,
> in: Arbeit – Zeitschrift für Arbeitsforschung, Arbeitsgestaltung und Arbeitspolitik,
> 2003, S. 228 ff.

Anhänge

Anhang I: Abbildungen der Seite www.mail-vom-vorstand.de

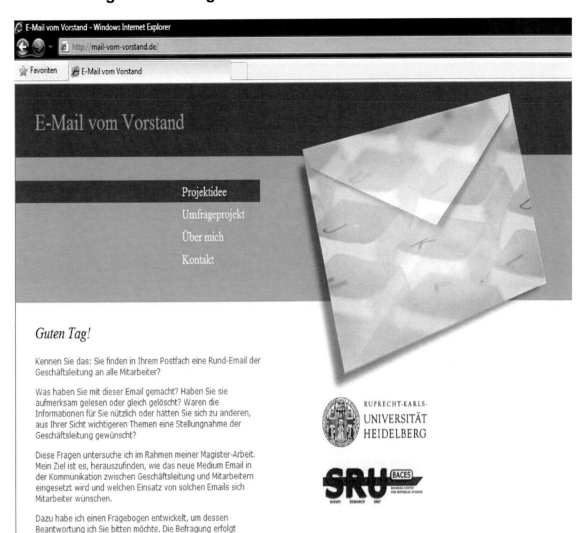

E-Mail vom Vorstand - Windows Internet Explorer

http://mail-vom-vorstand.de/

Favoriten   E-Mail vom Vorstand

E-Mail vom Vorstand

Projektidee

Umfrageprojekt

Über mich

Kontakt

Guten Tag!

Kennen Sie das: Sie finden in Ihrem Postfach eine Rund-Email der Geschäftsleitung an alle Mitarbeiter?

Was haben Sie mit dieser Email gemacht? Haben Sie sie aufmerksam gelesen oder gleich gelöscht? Waren die Informationen für Sie nützlich oder hätten Sie sich zu anderen, aus Ihrer Sicht wichtigeren Themen eine Stellungnahme der Geschäftsleitung gewünscht?

Diese Fragen untersuche ich im Rahmen meiner Magister-Arbeit. Mein Ziel ist es, herauszufinden, wie das neue Medium Email in der Kommunikation zwischen Geschäftsleitung und Mitarbeitern eingesetzt wird und welchen Einsatz von solchen Emails sich Mitarbeiter wünschen.

Dazu habe ich einen Fragebogen entwickelt, um dessen Beantwortung ich Sie bitten möchte. Die Befragung erfolgt anonym und unternehmensübergreifend. Es geht mir darum, von möglichst vielen Mitarbeitern aus möglichst vielen unterschiedlichen Unternehmen ein Meinungsbild zu erhalten.

Ich würde mich sehr freuen, wenn Sie sich 10 Minuten Zeit für die Beantwortung der Fragen nehmen würden. Wenn Ihnen die Beantwortung Spass gemacht hat, senden Sie den den Link auf diese Seite bitte auch an Freunde und Kollegen weiter.

Mehr über mich erfahren Sie unter der Rubrik „Über mich", mehr über mein Projekt unter der Rubrik „Umfrageprojekt". Ich hoffe, dass ich ab Oktober auf dieser Seite erste Ergebnisse meiner Untersuchung präsentieren kann. Sofern Sie weitere Fragen haben, schicken Sie mir doch einfach eine Email!

Vielen Dank für Ihr Interesse!

RUPRECHT-KARLS-
UNIVERSITÄT
HEIDELBERG

SRU BACES
SURVEY   RESEARCH   UNIT

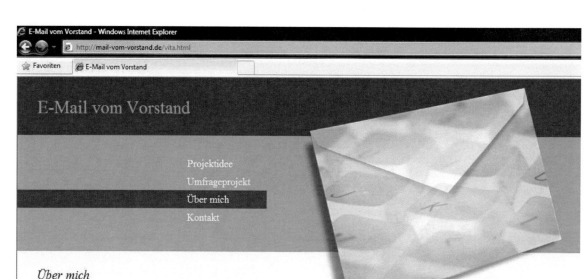

E-Mail vom Vorstand

Projektidee
Umfrageprojekt
Über mich
Kontakt

Über mich

Mein Name ist Maurizio Singh. Ich studiere auf Magister
Pädagogik/Politische Wissenschaft/ VWL in Heidelberg und hinzu
befinde ich mich im Hauptstudium im Diplom Studiengang BWL.
Nachfolgend finden Sie meinen tabellarischen Lebenslauf.

LEBENSLAUF

Alter: 26 Jahre
Geburtsdatum 20.06.1982
Geburtsort: Nürnberg
Staatsangehörigkeit: Italienisch
Sprachkenntnisse: Italienisch, Englisch, Spanisch

Studium:
2003-2005 Immatrikuliert im Studiengang Kath.
Religionspädagogik/Kirchliche Bildungsarbeit mit Studium in
Eichstätt und München (mit dem Erwerb des Vordiplom)
2005-2007 Immatrikuliert an der FAU in Magister Studiengang
(Bildungswis./Politik/VWL) (mit dem Erwerb der Zwischenprüfung)
2005-2007 Immatrikuliert im Diplom Studiengang
Betriebswirtschaftslehre (mit dem Erwerb des Vordiplom in BWL)
Seit WS 2007/08 Wechsel an der Ruprechts Karl Universität
Heidelberg im Magister Studiengang (Pädagogik/Politik/VWL)

Praktika:
Juni 2003 – Jan. 2004 Praktikum im Marktforschungsinstitut Marfos
Juli 2004 – Nov 2004 Praktikum bei der Firma Kaba Benzing
Febr. 2005 – Apr. 2005 VAR Bavaria Zeitsysteme GmbH
Okt. 2004 – Dez. 2005 Mitarbeiter bei der Bayerische und Kölner
Juristenmesse
Juli 2005 - Juni 2006 career networks GmbH
August- Oktober 2007 BASF SE
August -September 2008 AEG- Electrolux
März - April 2009 Rödl&Partner

Ehrenamtliche Tätigkeiten: Leitung einer katholischen
Jugendgruppe im Rahmen meiner Kirchengemeinde
Leitung einer Theatergruppe in meiner Kirchengemeinde

Außeruniversitäres Engangement:
AIESEC:
Vice President Finance im LC Heidelberg
OCP Leiter des Projekts Aiesec meets Deloitte
OCP Leiter des Projekts KommunikationSAP

Gründer u. aktives Präsidiumsmitglied der studentische
Unternehmensberatung Consiglia e.V: www.consiglia-ev.de

E-Mail: maurizio.singh@stud.uni-heidelberg.de

E-Mail vom Vorstand

Projektidee
Umfrageprojekt
Über mich
Kontakt

Das Umfrageprojekt

Neue Medien führen zu neuen Kommunikationsformen. Besonders Emails haben unser Kommunikationsverhalten wesentlich verändert. Durch Emails ist es möglich, eine große Anzahl von Adressaten schnell und kostengünstig zu erreichen. Dies hat auch zu neuen Arten der internen Unternehmenskommunikation geführt. In vielen Unternehmen kommt es vor, dass die Geschäftsleitung Emails an sämtliche Mitarbeiter verschickt.

Wie aber kommen solche Emails bei den Mitarbeitern an? Werden diese Emails gelesen und diskutiert? Können Emails von der Geschäftsleitung helfen, die Motivation und Einstellung der Mitarbeiter zu verbessern?

Diesen Fragen möchte ich im Rahmen meiner Magisterarbeit auf den Grund gehen. Dazu sammle ich durch meine Umfrage Daten über die Wahrnehmung von Rund-Emails durch die Mitarbeiter. Es soll untersucht werden, ob und zu welchen Themen Mitarbeiter einerseits derartige Rundmails erwarten, und ob es andererseits Themenbereiche gibt, die von den Mitarbeitern als negativ empfunden werden. Außerdem soll erfragt werden, wie mit den Mitteilungen umgegangen wird, ob sie also vertieft gelesen und besprochen werden oder nur kurz "überflogen". Schließlich sollen durch Fragen zum Arbeitsumfeld und zur Arbeitsatmosphäre Anhaltspunkte zur Zufriedenheit am Arbeitsplatz gewonnen werden.

Die Arbeit entsteht im Rahmen des wissenschaftlichen Fachgebietes des Organizational Learnings am Institut für Bildungswissenschaft (Lehrstuhl Weiterbildung und Beratung) der Ruprechts Karl Universität Heidelberg bei Frau Dr. Carola Iller. Organizational Learning beschäftigt sich mit dem Lernen innerhalb von Strukturen. In den letzten 30 Jahren wurde herausgefunden, dass sich innerhalb von Strukturen Lernprozesse abspielen. Die Lerninhalte sind dabei z.B. neue Verfahrensweisen oder neue Handlungsmuster. Das „Wissensmanagement" ist ein Unterbereich des Organizational Learnings und untersucht die Frage, wie innerhalb von Strukturen für den Erfolg der Struktur relevantes Wissen erhalten und weitergegeben werden kann.

Eine Struktur lernt jedoch immer nur, indem bei den einzelnen Mitarbeitern Veränderungen und Lerneffekte erreicht werden. Eine wesentlicher Forschungsbereich des Organizational Learning sind daher die optimalen äußeren Voraussetzungen für erfolgreiches Lernen. Dabei ist zu berücksichtigen, dass sehr viele unterschiedliche Faktoren ein positives Lernumfeld schaffen können. Einer dieser Fakten, zumal ein noch relativ junger, können die Rund-Emails der Geschäftsführung sein. Da diesen Emails von Seiten der Geschäftsführung offensichtlich teilweise sehr große Aufmerksamkeit geschenkt wird, erscheint es mir lohnenswert, den Blick auf die Empfänger der Emails zu lenken, um herauszufinden, ob und in welcher Weise die Emails die Arbeits- und somit auch Lernatmosphäre innerhalb des Unternehmens beeinflussen können.

Meine Umfrage wird anonym durchgeführt, es werden lediglich einige Kennzahlen zum Unternehmen sowie der Stellung des Umfrageteilnehmers innerhalb des Unternehmens abgefragt. Mein Ziel ist es, Rückmeldungen aus möglichst vielen Unternehmen zu erhalten.

Die Auswertung der Umfrage erfolgt dann nach statistischen Methoden. Darauf aufbauend möchte ich Hinweise entwickeln, wie die Kommunikation zwischen der Geschäftsleitung und den Mitarbeitern durch Emails verbessert werden kann. Durch Ihre Teilnahme an der Umfrage helfen Sie also mit, die wissenschaftlichen Erkenntnisse über die Gestaltung des Arbeitsumfeldes zu verbessern. So kann Ihre Teilnahme an der Umfrage vielleicht also dazu dienen, dass Sie zukünftig Rund-Emails zu interessanteren und wesentlicheren Themen in Ihrem Posteingangsordner finden.

Ich würde mich sehr freuen, wenn Sie an der Umfrage teilnehmen würden. Die Beantwortung der Fragen dauert ca. 10 min. Es sind überwiegend Fragen durch „Ankreuzen" zu beantworten. Es gibt lediglich eine offen Frage, bei der ich einige kurze Stichworte von Ihnen erbitte.

Vielen Dank für Ihre Teilnahme

Anhang II

MAURIZIO SINGH

L2 9-10,
68161 Mannheim
Telefon: 0171-1646553
mauri.singh@yahoo.de

Maurizio Singh, L2. 9-10, 68161 Mannheim

Muster AG

Mannheim, den 18.12.07

Betreff: Mitwirkung bei Unternehmensumfrage

Sehr geehrter Herr Mustermann,

haben Sie schon einmal eine E-Mail erhalten, die von der Geschäftsleitung an sämtliche Mitarbeiter verschickt wurde, und diese sofort gelöscht? Haben Sie sich dann womöglich gefragt, welchen Nutzen derartige Massen-Mails haben können?

Diesen Fragen möchte ich im Rahmen meiner Magisterarbeit, die sich mit dem Einsatz von E-Mails in der unternehmensinternen Kommunikation beschäftigen wird, auf den Grund gehen.
Heute können „mit einem Knopfdruck" sämtliche Mitarbeiter durch eine E-Mail direkt angeschrieben werden. Moderne Unternehmensführungen nutzen diese Möglichkeiten in unterschiedlichem Ausmaß. Meine Magisterarbeit soll untersuchen, ob und in welchem Umfang E-Mails der Unternehmensführung zu positiven Veränderungen innerhalb des Unternehmens führen. Es soll untersucht werden, ob Mitarbeiter zu bestimmten Anlässen Nachrichten erwarten und welche Reaktionen diese Nachrichten bewirken. Umgekehrt ist es auch denkbar, dass bestimmte E-Mails kontraproduktiv wirken und die Motivation der Mitarbeiter schwächen.

Grundlage meiner Arbeit soll ein Online-Fragebogen sein, der die Ansichten von Mitarbeitern zu E-Mails der Unternehmensführung abfragen wird. Die Beantwortung des Fragebogens durch „Anklicken" wird maximal ca. 10 min. beanspruchen. Der Fragebogen wird Anfang des nächsten Jahres online gestellt und frei verfügbar sein.

Sehr gerne würde ich die Mitarbeiter von Muster AG für die Teilnahme an dieser Umfrage, die selbstverständlich anonym stattfinden wird, gewinnen. Die Ergebnisse meiner Arbeit können auch in Ihrem Unternehmen eine zielgerichtete und sinnvolle Kommunikation fördern und so zur Verbesserung der Unternehmenskultur beitragen. Da die Umfrage versuchen wird, die aus Sicht der Mitarbeiter relevanten Themen der Unternehmenskommunikation zu identifizieren, bedeutet die Teilnahme an der Studie für die Mitarbeiter die Chance, zukünftig mehr relevante Informationen zu erhalten und von weniger relevanten Informationen verschont zu werden.

Ich würde mich freuen, wenn Sie mir einen geeigneten Ansprechpartner nennen können, mit dem ich die Details einer eventuellen Teilnahme von Muster AG an dem Projekt besprechen kann. Es besteht auch die Möglichkeit, den Fragebogen noch individuell auf Ihre Bedürfnisse anzupassen.

Über einen Anruf oder eine E-Mail von Ihnen würde ich mich sehr freuen. Für Ihre Bemühungen bedanke ich mich bereits heute sehr herzlich und verbleibe

mit freundlichen Grüssen

ANHANG III

Das offene PR-Portal

Handel, Wirtschaft, Finanzen, Banken & Versicherungen Pressemitteilung von: Maurizio Singh

Wolfgang Dahl (Name geändert) staunte nicht schlecht: Als der Sachbearbeiter in einer großen Versicherung morgens seinen Rechner hochfuhr, fand er eine Email des Vorstandsvorsitzenden. Der Vorstand nutze die Vorlage des Jahresabschlusses, um Herrn Dahl persönlich zu weiteren Höchstleistungen im kommenden Jahr anzuspornen. Die Freude von Wolfgang Dahl über die persönliche Email währte jedoch nicht lange, denn auch die Kollegen in den Nebenzimmern hatten eine "persönliche" Mail des Vorstands erhalten. Offensichtlich hatte der Vorstand eine Rund-Email mit persönlicher Anrede verschickt.

Bis vor einigen Jahren waren Mitarbeiterversammlungen oder Mitarbeiterzeitschriften die einzigen Möglichkeiten für die Geschäftsleitung mit allen Mitarbeitern Kontakt aufzunehmen. Dies hat sich durch neue Kommunikationsformen gewandelt. Durch einen Knopfdruck können heute personalisierte Emails an sämtliche Mitarbeiter verschickt werden. Diese neuen Möglichkeiten werden von vielen Vorständen und Geschäftsführern gerne und intensiv genutzt. Und so finden gerade die Mitarbeiter von größeren Unternehmen in zunehmendem Maß Rund-Emails der Geschäftsleitung zu den unterschiedlichsten Themen in ihrem Postfach.

Wie aber werden diese Rund-Emails von den Mitarbeitern aufgenommen? Was bringen solche Emails? Und was könnten Unternehmenschefs mit Emails erreichen? Diese Fragen möchte Maurizio Singh, Magisterstudent an der Universität Heidelberg, in seiner Magisterarbeit beantworten. „Von Freunden habe ich häufig gehört, dass sie Rund-Emails der Geschäftsleitung erhalten haben. Ich habe den Eindruck, dass manche Rund-Emails mit großem Interesse aufgenommen werden, während andere Emails kaum gelesen werden. Offensichtlich halten viele Vorstände und Geschäftsführer derartige Rund-Emails jedoch für sehr wichtig", sagt Singh. Der Student will nun im Rahmen seiner Magisterarbeit untersuchen, welche Rund-Emails von der Geschäftsleitung die Mitarbeiter erwarten und welche nicht. Nach seiner Ansicht können sinnvoll eingesetzte Rund-Emails im besten Fall einen positiven Beitrag zur Arbeits- und Lernatmosphäre innerhalb des Unternehmens leisten.

Um herauszufinden, wie Rund-Emails tatsächlich von Mitarbeitern bewertet werden, führt Maurizio Singh bis Ende April eine Online-Umfrage durch. Das Ziel ist es dabei, von möglichst vielen Mitarbeitern aus möglichst vielen unterschiedlichen Unternehmen ein Feedback zu erhalten. Die Umfrage sowie weitere Informationen zu dem Projekt finden sich unter www.mail-vom-vorstand.de.

Diese Pressemitteilung wurde auf openPR veröffentlicht

93

Maurizio Singh
L 2 5-10
68161 Mannheim
Tel: 0171 16 46 553
Maurizio.singh@stud.uni-heidelberg.de

Maurizio Singh ist 25 Jahre alt und studiert an der Rupprecht-Karls-Universität Heidelberg die Fächer Bildungswissenschaft , Politische Wissenschaft und Volkswirtschaftslehre im Magister-Studiengang.

Sein Studienschwerpunkt liegt im Bereich des Organizational Learnings. Dieses Forschungsbereich der Pädagogik beschäftigt sich mit dem Lernen innerhalb von Strukturen. In den letzten 30 Jahren wurde herausgefunden, dass sich innerhalb von Strukturen, z.B. Unternehmen, Lernprozesse abspielen, die sich von den Lernprozessen eines einzelnen Individuums unterscheiden. Die Lerninhalte sind dabei etwa neue Verfahrensweisen oder neues Fachwissen.

Eine Struktur lernt jedoch immer nur, indem bei den einzelnen Mitarbeitern Veränderungen und Lerneffekte erreicht werden. Ein wesentlicher Forschungsbereich des Organizational Learning sind daher die optimalen äußeren Voraussetzungen für erfolgreiches Lernen. Dabei ist zu berücksichtigen, dass sehr viele unterschiedliche Faktoren ein positives Lernumfeld schaffen können. Maurizio Singh wird im Rahmen seiner Magisterarbeit die Auswirkungen von Rund-Mails des Vorstandes auf das Lernumfeld untersuchen (www.mail-vom-vorstand.de).

Maurizio Singh ist Gründungs- und Präsidiumsmitglied der ersten studentischen Unternehmensberatung des Saarlandes Consiglia e.V. In seiner Freizeit engagiert sich Maurizio Singh bei AIESEC Heidelberg.

http://www.openPR.de/news/203607/Wenn-der-Vorstand-alle-gruesst-Forschungsprojekt-der-Universitaet-Heidelberg.html

ANHANG IV

Fragebogen

Frage 1.

An jedem Arbeitsplatz gibt es von Zeit zu Zeit Veränderungen. Jede Veränderung fordert von dem Mitarbeiter Lernbereitschaft.
In welchem Ausmaß sehen Sie sich in an ihrem derzeitigen Arbeitsplatz mit Lernanforderungen konfrontiert?

- ○ sehr hohe Lernanforderungen
- ○ hohe Lernanforderungen
- ○ geringe Lernanforderungen
- ○ sehr geringe bis gar keine Lernanforderungen

Frage 2.

Wie hoch würden Sie die Unterstützung Ihres Unternehmens beim Lernen für Ihren Arbeitsplatz bewerten?

- ○ sehr große Unterstützung
- ○ eher große Unterstützung
- ○ eher geringe Unterstützung
- ○ gar keine Unterstützung

Frage 3.

Hat sich innerhalb der letzten 12 Monate Ihr Arbeitsumfeld (organisatorisch oder inhaltlich) verändert?
(Mehrfachantworten möglich)

- ☐ ja, Veränderungen des Aufgabengebietes und des Tätigkeitsbereichs
- ☐ ja, Implementierung einer neuen Software oder neuer Arbeitsinstrumente
- ☐ ja, Einführung neuer Arbeitsabläufe
- ☐ ja, Aufbau neuer Teams
- ☐ ja, neue Arbeitszeiten
- ☐ ja, Neubesetzung von Vorgesetzten bzw. Managementpositionen,
  deren Auswirkungen Sie unmittelbar an ihrem Arbeitsplatz gespürt haben
- ☐ sonstige Veränderungen
- ☐ nein

Frage 4.

Wie haben Sie die Veränderungen persönlich empfunden?

- ○ positiv
- ○ negativ
- ○ neutral

Frage 5.

Wie zufrieden sind Sie derzeit insgesamt mit der Arbeitsatmosphäre an Ihrer Arbeitsstelle?

- ○ sehr zufrieden
- ○ eher zufrieden
- ○ eher unzufrieden
- ○ sehr unzufrieden

Frage 6.

Bitte nehmen Sie nun Stellung zu einigen Aspekten, die für die Arbeits athmosphäre relevant sein können.
Bitte antworten Sie auf einer Skala von 1 (trifft voll und ganz auf meinen Arbeitsplatz zu) bis 4 (trifft gar nicht auf meinen Arbeitsplatz zu).

	1 (trifft voll und ganz zu)	2	3	4 (trifft gar nicht zu)
Mein Arbeitsumfeld ist kollegial geprägt. Eine konstruktive Zusammenarbeit mit Kollegen ist möglich.				
Zu zahlreichen Kollegen habe ich ein freundschaftliches Verhältnis und kenne ihr privates Umfeld.				
Meine Kollegen und ich arbeiten ständig unter einem gewissen Druck, der durch äußere Umstände (z.B. Kunden, Termine) hervorgerufen wird.				
Meine Kollegen und ich arbeiten ständig unter einem gewissen Druck, der durch innere Umstände (z.B. Führungsstil) hervorgerufen wird.				
Die Arbeitsatmosphäre hat sich nach meinem Empfinden in den letzten zwölf Monaten verbessert.				

Frage 7.
Wie viele E-Mails haben Sie innerhalb der letzten zwölf Monate von der Geschäftsführung bzw. dem Vorstand erhalten, die nicht an Sie persönlich, sondern an mehrere Mitarbeiter (z.B. an Ihre Abteilung oder an den gesamten Betrieb) gerichtet waren?

- ○ keine
- ○ 1 - 4
- ○ 5 - 10
- ○ mehr als 10

Frage 8.
Können Sie sich noch an Inhalte der E-Mails erinnern?
Sie können beliebig viele Möglichkeiten ankreuzen.

- ☐ Bekanntmachung von strategischen Zielen, finanzielle Planungen
  (z.B. Umsatzwachstum oder Marktanteilsziele)
- ☐ Leitgedanken der Unternehmensphilosophien
- ☐ Hinweise auf neue Entwicklungen, die für das Unternehmen interessant sind
  (z.B. neue Gesetze, neue wissenschaftliche Erkenntnisse, neue Produkte der Wettbewerber, etc.)
- ☐ Kondolenz für verstorbene Mitarbeiter
- ☐ Bekanntmachung von Veränderungen in der Unternehmensstruktur
  (Ankauf oder Verkauf von Gesellschaften, Ausgliederungen, Fusionen, etc.)
- ☐ Jubiläen
- ☐ Bekanntmachung von Entscheidungen des Managements,
  die von den Mitarbeitern mit großer Wahrscheinlichkeit als negativ empfunden werden
  (z.B. Werksschließungen, Verlagerungen, etc.)
- ☐ Veränderungen auf Vorstands- bzw. Geschäftsführungsebene
- ☐ Reaktion auf negative Berichterstattung in den Medien
- ☐ Konkrete Verhaltensregeln an die Mitarbeiter
- ☐ Informationen über laufende Werbekampagne des Unternehmens
- ☐ Sonstiges

Frage 9.
Wie bewerten Sie die Anzahl der erhaltenen E-Mails?

- ○ viel zu viele E-Mails
- ○ etwas zu viele E-Mails
- ○ genau die richtige Anzahl von E-Mails
- ○ etwas zu wenige E-Mails
- ○ deutlich zu wenige E-Mails

Frage 10.
Bei welchen Anlässen wünschen Sie sich eine allgemeine E-Mail auf Vorstands- bzw. Geschäftsführungsebene?
Sie können beliebig viele Möglichkeiten ankreuzen.

- ☐ Bekanntmachung von strategischen Zielen, finanzielle Planungen
  (z.B. Umsatzwachstum oder Marktanteilsziele)
- ☐ Leitgedanken der Unternehmensphilosophien
- ☐ Hinweise auf neue Entwicklungen, die für das Unternehmen interessant sind
- ☐ Kondolenz für verstorbene Mitarbeiter
- ☐ Bekanntmachung von Veränderungen in der Unternehmensstruktur
  (Ankauf oder Verkauf von Gesellschaften, Ausgliederungen, Fusionen, etc.)
- ☐ Jubiläen
- ☐ Bekanntmachung von Entscheidungen des Managements, die von den Mitarbeitern mit großer Wahrscheinlichkeit
  als negativ empfunden werden (z.B. Werksschließungen, Verlagerungen, etc.)
- ☐ Veränderungen auf Vorstands- bzw. Geschäftsführungsebene
- ☐ Reaktion auf negative Berichterstattung in den Medien
- ☐ Konkrete Verhaltensregeln an die Mitarbeiter
- ☐ Informationen über laufende Werbekampagne des Unternehmens
- ☐ Sonstiges

Frage 11.
Welche Wirkungen erzielen Vorstandemails bei Ihnen?
Sie können beliebig viele Möglichkeiten ankreuzen.

- ☐ Förderung des Wir-Gefühls
- ☐ Informationsvermittlung
- ☐ Aufrechterhaltung oder Aufbau eines Dialogs zwischen Management und Mitarbeiter
- ☐ Internes Marketing
- ☐ Allgemeine Motivation
- ☐ Konkrete Verhaltensänderung der Arbeitsabläufe
- ☐ keiner der genannten Punkte

Frage 12.
Allgemein gesprochen, wie hoch bewerten Sie die Effektivität von allgemeinen E-Mails des Vorstandes bzw. der Geschäftsführung?

Sie können hier Werte von 0% bis 100% eintragen.

☐

Frage 13.
Was glauben Sie, welchen Grad an Interesse bringen Ihre Kollegen den allgemeinen
E-Mails des Vorstandes bzw. der Geschäftsführung entgegen?

- ○ sehr hohes Interesse
- ○ hohes Interesse
- ○ niedriges Interesse
- ○ sehr niedriges bis gar kein Interesse

Frage 14.
Wie hoch ist Ihr persönliches Interesse an diesen E-Mails?

- ○ sehr hohes Interesse
- ○ hohes Interesse
- ○ niedriges Interesse
- ○ sehr niedriges bis gar kein Interesse

Frage 15.

Sind Sie der Meinung, dass durch allgemeine E-Mails des Vorstandes bzw. der Geschäftsführung eine besondere Art des Lernens stattfindet?   (Mehrfachantworten möglich)

- ☐ ja, Aufbau einer Unternehmenskultur
- ☐ ja, Aufbau einer allgemein zugängliche Wissensbasis (jeder hat den gleichen Stand an Informationen)
- ☐ ja, Ausprägung der Kommunikationskultur im Unternehmen
- ☐ ja, durch rasche Informationswege bildet sich eine „Lernfähige Organisation"
- ☐ ja, Förderung der internen Kommunikationsstruktur
- ☐ Für mich findet keine Form des Lernen statt.

Frage 16.
Was verbinden Sie mit dem Begriff „lernendes Unternehmen"?
(Mehrfachantworten möglich)

- ☐ eine Organisation, die fähig ist sich rasch zu verändern
- ☐ eine Organisation, die offen für Weiterbildung ist
- ☐ eine Organisation, die Wissen als Kapital erachtet
- ☐ eine Organisation, die innovativ und marktführend bleiben möchte
- ☐ eine Organisation, die ihr Mitarbeiter als lernfähig erachtet
- ☐ eine Organisation, die rasch auf die Umwelt reagieren kann
- ☐ eine Organisation, die die Mitarbeiterpotenziale erkennt und fördert

Frage17.
Für wie wichtig halten Sie eine gute interne Kommunikation für ein lernendes Unternehmen?

- ○ sehr wichtig
- ○ eher wichtig
- ○ eher unwichtig
- ○ überhaupt nicht wichtig

Frage 18.
Besteht in Ihrem Unternehmen die Möglichkeit auf die allgemeinen E-Mails des Vorstandes bzw. der Geschäftsführung zu antworten?

- ○ ja
- ○ nein

Frage 19.
Wie gehen Sie mit allgemeinen E-Mails des Vorstandes bzw. der Geschäftsführung um? Gibt es Unterschiede, je nachdem,
welchen Inhalt die E-Mail hat?

	ich lese die eMail vollständig und gründlich	ich überfliege die eMail	ich lese nicht mehr weiter, nachdem ich erkannt habe, um welches Thema es geht
Bekanntmachung von strategischen Zielen, finanzielle Planungen			
Leitgedanken der Unternehmensphilosophien			
Hinweise auf neue Entwicklungen, die für das Unternehmen interessant sind			
Kondolenz für verstorbene Mitarbeiter			
Bekanntmachung von Veränderungen in der Unternehmensstruktur			
Jubilaen			
Bekanntmachung von Entscheidungen des Managements, die von den Mitarbeitern mit großer Wahrscheinlichkeit als negativ empfunden werden			
Veränderungen auf Vorstands- bzw. Geschäftsführungsebene			
Reaktion auf negative Berichterstattung in den Medien			
Konkrete Verhaltensregeln an die Mitarbeiter			

Informationen über laufende Werbekampagne des Unternehmen			

Frage 20.
Über den Inhalt welcher allgemeinen E-Mails des Vorstandes bzw. der Geschäftsführung sprechen Sie mit Ihren Kollegen?
(Mehrfachantworten möglich)

☐ Bekanntmachung von strategischen Zielen, finanzielle Planungen
(z.B. Umsatzwachstum oder Marktanteilsziele)

☐ Leitgedanken der Unternehmensphilosophien

☐ Hinweise auf neue Entwicklungen, die für das Unternehmen interessant sind
(z.B. neue Gesetze, neue wissenschaftliche Erkenntnisse, neue Produkte der Wettbewerber, etc.)

☐ Kondolenz für verstorbene Mitarbeiter

☐ Bekanntmachung von Veränderungen in der Unternehmensstruktur
(Ankauf oder Verkauf von Gesellschaften, Ausgliederungen, Fusionen, etc.)

☐ Jubilaen

☐ Bekanntmachung von Entscheidungen des Managements,
die von den Mitarbeitern mit großer Wahrscheinlichkeit als negativ empfunden werden
(z.B. Werksschließungen, Verlagerungen, etc.)

☐ Veränderungen auf Vorstands- bzw. Geschäftsführungsebene

☐ Reaktion auf negative Berichterstattung in den Medien

☐ Konkrete Verhaltensregeln an die Mitarbeiter

☐ Informationen über laufende Werbekampagne des Unternehmens

☐ Sonstiges

Frage 21.

Wie hat sich in den letzten 12 Monaten Ihre Einstellung grundsätzlich zu ihrem Unternehmen verändert?

○ eher positiv
○ eher negativ
○ keine Veränderung

Frage 22.
**Wie hat das Kommunikationsverhalten der Geschäftsführung bzw. des Vorstandes, insbesondere in Form von E-Mails an die
Mitarbeiter, Ihre Einstellung zum Unternehmen verändert?**

○ sehr verbessert
○ etwas verbessert
○ gleich geblieben
○ eher verschlechtert
○ sehr verschlechtert

Frage 23.
Hat das Lesen einer allgemeinen E-Mail des Vorstandes bzw. der Geschäftsführung in der Vergangenheit irgendwelche Gefühle bei Ihnen hervorgerufen?

	eher Freude	eher Angst	eher Wut	eher Zusammengehörigkeit	eher Desinteresse	eher Interesse	keine Möglichkeit zutreffend
Bekanntmachung von strategischen Zielen, finanziellen Planungen							
Leitgedanken der Unternehmensphilosophien							
Hinweise auf neue Entwicklungen, die für das Unternehmen interessant sind							
Kondolenz für verstorbene Mitarbeiter							
Bekanntmachung von Veränderungen in der Unternehmensstruktur							
Jubiläen							
Bekanntmachung von Entscheidungen des Managements, die von den Mitarbeitern mit großer Wahrscheinlichkeit als negativ empfunden werden							
Veränderungen auf Vorstands- bzw. Geschäftsführungsebene							
Reaktion auf negative Berichterstattung in den Medien							
Konkrete Verhaltensregeln an die Mitarbeiter							
Informationen über laufende Werbekampagen des Unternehmen							

Angaben zu Ihrer Person

Frage.24.

Geschlecht
- ○ männlich   ○ weiblich

Frage 25.

Wie alt sind Sie?
- ○ bis 20
- ○ 21 - 30
- ○ 31 - 40
- ○ 41 - 50
- ○ 51 - 60
- ○ älter als 60

Frage 26.

Welchen Bildungsabschluss haben Sie?
- ○ Hauptschulabschluss, ggf. mit Ausbildung
- ○ Mittlere Reife, ggf. mit Ausbildung
- ○ Fachhochschul- oder Hochschulreife
- ○ Hochschulabschluss/ Promotion

Frage 27.

Wieviele Mitarbeiter hat Ihr Unternehmen (weltweit)?

- ○ bis 20
- ○ 21 - 50
- ○ 51 - 150
- ○ 151 - 1.000
- ○ 1.001 - 10.000
- ○ mehr als 10.000

Frage 28.

Wie lange Sind Sie bereits im Unternehmen?

- ○ weniger als 1 Jahr
- ○ 1 - 3 Jahre
- ○ 4 - 8 Jahre
- ○ 9 - 10 Jahre
- ○ 11 - 20 Jahre
- ○ mehr als 20 Jahre

Frage 29.

Ist Ihr Unternehmen deutschlandweit tätig oder auch im Ausland?

- ○ nur in Deutschland
- ○ auch im Ausland

Frage 30.

Wie viele Betriebsstätten hat Ihr Unternehmen?

- ○ 1
- ○ 2 - 5
- ○ mehr als 5

Frage 31.

Führen Sie Ihre Arbeit überwiegend an Ihrem Arbeitsplatz innerhalb des Unternehmens aus oder sind Sie häufig außer Haus tätig?

- ○ nur im Unternehmen
- ○ eher im Unternehmen
- ○ eher außer Haus
- ○ nur außer Haus

Frage 32.

Wie würden Sie Ihren Arbeitsplatz und Ihre Position innerhalb des Unternehmens mit wenigen Worten beschreiben?

Frage 33.

Haben Sie Weisungsbefugnis über andere Mitarbeiter?

- ja
- nein

Wenn ja, Weiterleitung auf die Frage 34 sonst Beenden der Umfrage

Frage 34.

Über wie viele?

- 1 - 5
- 6 - 20
- mehr als 20 Mitarbeiter

Vielen Dank für Ihre Teilnahme an der Umfrage.

Autorenprofil

Maurizio Singh, M.A. geboren 1982 in Nürnberg. Er schloss sein Studium der Bildungswissenschaften, Politische Ökonomie und Volkswirtschaftslehre an der Ruprecht-Karls-Universität Heidelberg mit einem Magister Artium ab. Parallel absolvierte er einen Diplomstudiengang in Betriebswirtschaftslehre an der Universität des Saarlandes. Maurizio Singh ist Gründer und aktives Präsidiumsmitglied der ersten studentischen Unternehmensberatung im Saarland Consiglia e.V.